刘碧瑛

著

社交三力

人民邮电出版社
北　京

图书在版编目（CIP）数据

社交三力 / 刘碧瑛著. -- 北京 ：人民邮电出版社，
2025. -- ISBN 978-7-115-66395-5

Ⅰ．C912.3-49

中国国家版本馆 CIP 数据核字第 2025W6V255 号

内 容 提 要

建立人际关系如同织网，每一根线都承载着信任与价值的重量，而每一次互动都是网中结点的加固。那么，在这个快节奏、高效率的时代，如何更有效地编织自己的社交网络？如何在人际互动中更好地展现自我价值呢？

本书作者基于多年的培训课程积累及社交经验，从个人形象塑造出发，深入探讨了社交互动技巧，以及不同场景下的社交策略，旨在帮助读者实现高质量社交。具体而言，本书分为三个部分：第一部分讲述了打造高质量社交的形象基石，包含形象的重要性、色彩搭配、场合着装、细节管理等内容；第二部分讲述了掌握高质量社交的核心技巧，涵盖表情管理、身体语言密码、初次见面的艺术等内容；第三部分则展现了拓展高质量社交的多元场景，聚焦餐桌社交、数字化社交、情感社交等。本书不仅有理论，还有实践；不仅有方法，还有技巧。此外，本书还提供了实用的小贴士，读者可拿来即用。

本书适合希望提高个人社交能力、打破社交恐惧的人阅读。

◆ 著　　刘碧瑛
责任编辑　张国才
责任印制　彭志环

◆ 人民邮电出版社出版发行　　北京市丰台区成寿寺路 11 号
邮编　100164　　电子邮件　315@ptpress.com.cn
网址　https://www.ptpress.com.cn
固安县铭成印刷有限公司印刷

◆ 开本：880×1230　1/32
印张：7.125　　　　　　　　　　2025 年 3 月第 1 版
字数：150 千字　　　　　　　　2025 年 11 月河北第 4 次印刷

定　价：59.80 元

读者服务热线：（010）81055656　印装质量热线：（010）81055316
反盗版热线：（010）81055315

自序

人的价值在人际互动中彰显

经过近 20 年的社会磨练，我越来越深刻地意识到，人的价值是在人际互动中彰显的。在他人眼中，你是不是愿意付出的人？你是不是可信的人？你是不是有趣的人？你是不是值得交往的人？你是不是令人敬仰的人？所有的成交与成功都是人际互动的副产品，你所认识的人可以为你打开某扇与他人建立连接的大门。建立人际关系如同织网，每一根线都承载着信任与价值的重量，而每一次互动都是网中结点的加固。那么，在这个快节奏、高效率的时代，如何更有效地编织自己的社交网络？如何在人际互动中更好地展现自我价值呢？

我结合自己多年的培训课程积累及社交经验创作了本书，从个人形象塑造出发，深入探讨了社交互动技巧，以及不同场景下的社交策略，旨在帮助你实现高质量社交。本书不仅有理论，还有实践；不仅有方法，还有技巧。此外，每章还提供了实用的小贴士，让你拿来即用。

本书分为三个部分。

第一部分讲述了打造高质量社交的形象基石，包含形象的重要性、色彩搭配、场合着装、细节管理等内容。谈到形象，每次在课堂上，我问台下的学员"你认为什么是形象"，有人说穿着化妆，有人说言谈举止，有人说气质风范，有人说形象是一种美学……答案五花八门，都是个体的理解。我在多年的培训课程讲授及实践中，对形象也有了自己的认知和体验。

形象的第一个层次是直观的视觉形象，如穿着打扮、发型配饰、身材体态等。它打造的是你的静态魅力，即当你静止站在那里时给人的第一印象。

形象的第二个层次是体现举止风度的社交形象。包括你在交流中的语言表达，如音色、声音大小、语感、语气节奏及谈吐的风范。同时，非语言表达的仪态、气质等都在打造你的动态魅力。

形象的第三个层次是人的精神形象。网上流行一句话："始于颜值，陷于才华，忠于人品。"才华和人品便是一个人闪闪发光的内在魅力，它是一个人吃过的饭、走过的路、读过的书、遇见的人、经历的事等各方面的沉淀与积累，它可能源于你的教育经历、家庭背景、性格气质、宗教信仰、结识圈层甚至个人基因等。

形象远比我们想象的丰富，形象的影响力也远比我们想象的重要。从某种意义上说，形象也是每个人都有的一种隐性资产。经过多年来跟上万名职场人士交流，尤其是那些善用自己的隐性资产的人，我发现个人形象管理能带来 5 个方面的益处。我把它总结为"五力"作用。

- 打造生产力：形象是无声的表达，是帮助你传达信息的符号，能让彼此产生高效的沟通。
- 扩大影响力：在个人品牌价值化越来越高的现代，借助自媒体平台能迅速给他人留下良好的印象，以最低的成本带来最大的影响力。
- 提升自信力：形象能由外而内提高自信。很多人觉得自信是由内而外的，但他人的评价和认可态度也会带来正向循环。
- 赢得信赖力：人生会遇到一些关键贵人，如领导、客户、投资人、你的心仪对象等。通过塑造多重形象，你能快速获得这些关键贵人的青睐，符合甚至超出他们的期待。
- 展示领导力：如果你是管理者或创业者，那么个人形象就展示了组织的形象，也展示了自己的领导风格和个人领导力。

第二部分讲述了掌握高质量社交的核心技巧，涵盖表情管理、身体语言密码、初次见面的艺术等内容。除了语言，人类还可以使用 70 万种以上的信号进行传递。其实，身体语言的表达比说话更有影响力。例如，在商务会议中，坚定的握手和自信的眼神交流可以无声地传达你的专业和决心，这比任何华丽的辞藻都来得直接和有效。恰当的礼仪动作展现了你的尊重和教养。礼仪既是情绪态度的传递，也是社交风格的体现。

无论是工作中拜访客户时如何破冰开场、迅速建立信任关系，还是在社交场合如何通过自我介绍突出自己、给他人留下深刻印象，或者是生活中如何让他人对自己产生更高的信任度，这些问题的背后都有着共同的本质——信任公式的应用。通过理解并运用这个公式，我们可以更好地把握信任建立的关键要素，也更好地理解信任背后的本质。

第三部分展现了拓展高质量社交的多元场景，聚焦餐桌社交、数字化社交、情感社交等。我们将一起学习如何在餐桌社交中展现礼仪与风度，在数字化社交中建立有效的网络形象，如何维护与他人的情感账户，如何与他人更好地高情商沟通。通过这些多元场景的社交，你将能够更加灵活地应对各种社交场合。无论是商务洽谈、私人聚会，还是线上交流，你都能游刃有余。

随着 AI 的发展，数字化社交时代到来，从线上到线下，人机互动更加频繁，人与人的沟通方式发生很大的变化。我们越来越多地通过社交媒体应用程序，如微信等，与他人建立高效的联系。这种虚拟和现实的融合也意味着我们需要面对新的情感变革、情感的数字化和人工化，以及创造性社交环境的丰富和多元的情感表达形式。但无论形式如何演变，社交背后的情感和温度始终是不变的。

　　因此，掌握高质量社交，不仅是个人发展的需要，而且是适应社会变革的需要。通过本书，我希望能够引导读者从形象塑造到社交技巧，再到多元场景社交，全方位提升自己的社交能力，让每一次人际互动都能彰显自我价值。最后，让我们一起开启这段旅程，探索社交的无限可能吧！

目录

下篇 多元场景社交

上　篇

基础形象塑造

第 **1** 章

形象先行：

解锁社交成功的首要因素

如果说能力是商品，那么形象就是外包装，我们在购买商品前会先看外包装的卖相。我经常说，能力很重要，可以支撑我们走得更远，但在我们踏出第一步时要让形象先行。先敬罗衣后敬人，先敬皮囊后敬魂。形象往往走在能力之前，不注重形象，我们的能力就很容易被低估。

借用杨澜女士的话，没有人有义务透过你邋遢的外表发现你优质的内在。我们完全可以让自己的形象为自己加分。为什么大家对身材的管理那么痴迷呢？当你瘦下来，就如礁石露出海平面，想让人不注意到你都难。本章将帮助你破解社交第一印象难题，让形象为你赢得更多机会。

☉ 形象重塑他人观感，影响外界对我们的态度

在人际交往中，个人形象是我们递给他人的一张名片，其重

要性不言而喻。那么，它是如何影响他人对我们的观感的呢？对于个体而言，形象又有什么样的作用和影响力呢？

在日常生活中，我们的形象无时无刻不在影响他人对我们的看法与反应。有一个触动心灵的关于变装的社会实验展示了形象对他人观感的影响。在这个实验中，形象塑造不仅是关于外表的改变，而且是关于如何被世界接纳与理解的关键。

联合国儿童基金会在格鲁吉亚首都第比利斯做过一个社会实验：让一个 6 岁的儿童演员安娜诺（Anano）假装走丢，然后观察人们的反应。实验分两组进行。

第一组是在街头。首先，安娜诺穿着质地良好的大衣、裤袜和闪亮的咖啡色短靴，被打扮成干净、时尚的小女孩，站在街上。路过的人很快注意到了小女孩，没一会儿就陆续有路人上前询问，问她是不是迷路了、需不需要帮助之类。每个人看起来都非常和善，关心着安娜诺。

紧接着，安娜诺换了一身装扮，她戴着脏兮兮的针织帽，穿上脏兮兮的衣服与破旧的运动鞋，打扮成灰头土脸的样子，一看就是贫民窟或穷人家的小孩。她出现在同一个位置，路人却像没有看到她一样，纷纷从旁边走过。她站了很久，始终没有得到一次问候和帮助。甚至到实验结束，都没有人停下来关心站在街头的孤零零的小女孩。

第二组实验在餐厅进行。首先，安娜诺穿着干净、漂亮的衣服进去，餐厅里的人都非常热情，不停与她闲聊，还抚摸她的脸颊，甚至亲吻她。每个人都极其友善热情，安娜诺流连穿梭在餐桌之间，感受到了来自陌生人的温暖。

接着，安娜诺又换上了另一组装扮，再一次打扮成脏兮兮的样子。这时的情况却大大不同了：在安娜诺经过时，有人嫌弃地拿起自己的包，怕被偷了。每个人都对她避之不及，仿佛她只要来到他们的桌前就会弄脏他们桌上的食物一样。最后，有个人举手招来了服务员，问道："能把这个小女孩请出去吗？"

实验到这里就中止了，因为安娜诺太难过，哭着跑了出去。后面的真人采访过程中，当记者问到安娜诺为什么跑出去时，安娜诺说了自己的感受。

其实，联合国的这个实验是想告诉人们不要以貌取人。世界上有太多贫穷的小孩，他们也很可爱，也渴望得到认可，但因为没有干净、漂亮的衣服，他们得到的永远是白眼和厌恶。当 6 岁儿童演员安娜诺哭着跑出去时，我们看到这里也很痛心。但是，我们不得不思考：同一个小孩因为穿着打扮不同，受到的待遇竟然如此不同。由此可见，形象会影响外界对我们的态度。

你可能会认为这是一个孩子的案例，无独有偶，国外也做过类似的成人实验。

一位名叫皮特（Peter）的男士站在玻璃橱窗里，当他穿着很普通的土黄色 T 恤、牛仔裤和运动鞋时，观察家随机采访经过的女性：通过第一印象猜他从事什么职业？是否愿意和他约会？结果，有人说皮特是店员、清洁工，女性们都不考虑与皮特约会。

第二天，造型师替皮特打造了一个精致、富有的造型，穿着西装，戴着墨镜，站在同一个橱窗前。结果有人说他是商人、管理层，看起来很权威、专业、收入很高；打的分数也比昨天高了很多，魅力指数（满分 10 分）从平均 3.4 分升到 5.8 分。

通过这些实验可以看出，安娜诺和皮特仅仅因为形象的改变就得到了他人完全不同的对待。这表明他人对我们的态度很大程度上取决于我们呈现的形象；形象就像一个信号，直接影响着外界对我们的认知和反应。

我给国内最大的一家房产经纪公司进行职业形象培训时，在上万名经纪人中随机抽选了一位"90 后"小伙子康康。花一天的时间，从头到脚全方位打造后，康康像换了个人一样，甚至有同事说他像韩剧的某个男星"欧巴"。

康康在形象改造后也发生了两个重大的变化：一是他立马开

单了，有了销售业绩；二是他变得更自信了。"成功孕育新的成功"，你塑造了一个成功自信的形象，那么客户就感觉你是成功者，也应该能帮到他。因此，你获得更多的成交机会。这些实验清楚地展示了不同的形象如何引发他人截然不同的反应，从而有力地证明了形象确实会显著影响他人对我们的态度。

也许你会说，以貌取人不可取。我国还有句话，"爱美之心，人皆有之"，表明了追求美好是人的天性。这是一个两分钟的世界，第一分钟决定了你是谁，第二分钟决定了别人是否愿意跟你继续交流下去。换句话说，他人对我们的反应如何，将决定我们在职业及社交等各个方面能否取得成功。根据英国有关部门的调查，能展现良好形象的企业的收费标准要高于同行平均值的 9%，可见"形象＝效益"。美国也有服装企业做过抽样调查，人们对服装效果的第一要求是能让他们表现得更自信（60%），最后要求才是"看起来漂亮"（6%）。

很多人听过首因效应，也叫首次效应、优先效应或第一印象效应（首轮印象、首轮效应）。首因效应在人际交往中占据着重要地位，它是指交往双方形成的第一次印象对今后交往关系的深远影响。在实际生活中，这种效应无处不在。例如，心理学家曾做过一个实验：把被试者分为两组，让他们看同一组照片，对甲组说这是一位屡教不改的罪犯，对乙组说这是一位著名的科学家，看完后让被测试者根据这个人的外貌分析其性格特征。结果，甲组说：深陷的眼睛藏着险恶，高耸的额头表明他死不悔改的心态；乙组说：深沉的目光表明他思想深邃，高耸的额头表明科学家探索的意志。我们从这个实验结果可以清晰地看到首因效应带来的先入为主的影响。从更深层次分析，当我们积累了足够多的人际交往经验后，首因效应会基于我们潜意识中的认知模式发挥作用。我们凭借以往的经验和直觉，能够快速从他人的外表捕捉到一些关键特质。

其实在我看来，现实社会中，首因效应不能完全理解为"外貌协会"，也不是一种迷信，而是在阅人无数的基础上可以快速地察觉到一个人的某些特质。人都会有自己的直觉或潜意识的判断。见过足够多的人，看到外表就能判断这是什么样的人，什么样的人在这个公司是无法生存的，哪些人有可能购买你的产品，或哪些人的成交概率是很低的。

形象的显性层面留给他人的是我们的长相穿着、发型装饰；隐性层面告诉他人的是我们的教育经历、文化素养、社会地位、气质修养、生活品位及幸福感等，它会在潜意识深处默默影响外界对我们的态度。

➲ 光环效应：挖掘形象的附加值

光环效应是指一个人具有某个正面特征，就能主导其他人看待此人的眼光。大多数时候,外表魅力就是这样一个特征。社会学研究表明,人们会自动地给长得好看的人添加正面特点,比如有才华、聪明、善良、诚实等,而人们在做出这些判断时并没有意识到外表魅力在其中发挥的作用。人们无意识里会把"好看"等同于"好"。

针对加拿大联邦选举的研究发现,富有魅力的候选人得到的选票数量比没有吸引力的候选人多两倍半。除了这些英俊政治家受偏爱的证据,后续研究还表明,选民们并没有意识到自己的偏爱。事实上,在受访的加拿大选民中,73% 的人措词强硬地否认自己投票会受到候选人外表吸引力的影响,只有 14% 的人认为有可能存在这种影响。尽管选民们可以否认外表魅力对选举结果的影响,但越来越多的证据证明,这种恼人的倾向的确存在。[1]

实验表明,在司法和招聘时也存在类似的效应。长得好看的人在法律制度里获得有利处理和面试录取的可能性更大。在这里,男女两性的反应是一样的。此外,形象好也明显会占有极大的社会优势。他们更招人喜欢,更有说服力,更容易和频繁得到帮助。

在他人眼里,颜值高的人还具备更理想的人格特质,更强的

---

[1] 引自罗伯特·西奥迪尼的著作《影响力》。

能力。其实，光环效应带来的社会效益很早就开始积累了。有一项对小学生的研究表明，长得好看的小孩子做出好斗的行为，成年人不会觉得他太淘气。另外，老师还相信长得好看的孩子比长得不好看的孩子更聪明。这也就难怪为什么外表如此重要了，因为我们喜欢漂亮的人，也因为我们容易顺从自己喜欢的人。

其实，这与大脑的"认知吝啬鬼"现象有关。这个词是 20世纪 80 年代心理学家苏珊·菲斯克和谢利·泰勒提出的，两位学者用这么形象的词语概括了人类的大脑现象。

当我们认识、观察别人时，我们的大脑会经过两个阶段。第一个阶段是"所见即所得"的阶段，我们只看表象，不会考虑背景，也不会深入思考；我们本能地会倾向于借助捷径和假设，只思考最低限度需要的内容。

第二个阶段称为"纠正阶段"，我们在这个阶段才能意识到人的行为意识会受各种各样的影响。然而，不断分析影响发生的各种原因，需要消耗很多的心智能量。因此，我们的大脑大多数不愿意进入第二阶段，而是更倾向于第一阶段的简单判断，即大脑有"快思慢想"的思考模式。我们的"懒汉"大脑永远都在速度和准确性之间进行取舍和权衡，最后总是更加轻松的主观方式胜出，准确性被牺牲。因此，成见就产生了。这就可以理解人们为什么往往会有成见和以貌取人了。

⊃ 形象与自我认同：塑造自信社交新我

形象不仅会影响他人对我们的看法，而且它与我们的自我认同也密切相关，对塑造自信的社交形象有着重要意义。我经常问学员："你的形象，谁说了算？"有些人会说，别人说了算，因为是留给别人的印象，由别人评估和评价。然而，从另一个角度看，形象又是由自己说了算，因为是你自己决定了今天要以什么样子呈现。

几年前，我遇到一位姐姐，她要去见一位大学教授谈项目。因为对这位教授特别敬重，也很想谈成这个项目，平时习惯穿着休闲的她想穿得正式、优雅一些，就拿出了十几件品牌上衣、裙子给我看。可惜在我看来，那些衣服单品都很好看，但不适合她，也很难搭配出她要的高雅、庄重的气质。所以，我从中选了一件最简单的黑色套裙，给她搭上一条我的玫红色丝巾，配上妆容，简单大方又热情庄重，她立刻像换了个人一样。这位姐姐看到镜子里的自己，高兴得欢呼雀跃起来。她说觉得自己充满了信心。她的状态也深深感染了我，触动了我。

你有多在意对方，就有多在意自己的形象。如果今天你要去见心仪的对象，你肯定会好好拾掇一下；如果今天你要去面试，这个面试决定了你未来的职业发展，估计你会去买一套合身的西装；如果今天你的企业要上市，你去纳斯达克敲钟，你一定会拿出自己最饱满的状态和最闪亮的样子……

很多人觉得在社会上需要沟通力、适应力、领导力等，但往往忽略了显性却重要的形象力。美国金融中心——华尔街有这样一句俗语："永远不要相信一个穿着破皮鞋和不擦皮鞋的人。"他们认为，一个不注重外表、邋里邋遢、不拘小节的人，肯定不会管理自己的生活；一个连生活都管理不好的人，怎么可能管理好我们的钱呢？

形象力也是自我的终身印象管理，形象选择将影响你与世界的每一次互动。每个人有自我的定位和价值认同。从外在，用形象告诉别人，你是一个端庄沉稳的人，还是一个轻浮随便的人？你是一个时尚有趣的人，还是一个保守沉闷的人？你是一个精致讲究的人，还是一个随意懒散的人？你是一个从容优雅的人，还是一个仓皇狼狈的人？你是一个训练有素的人，还是一个业余糊弄的人？你是一个值得信赖的人，还是一个备受质疑的人？就如西方有句俗语所说的：你就是你所穿着的！我们的外在形象是我们内在自我的延伸，是我们与世界沟通的桥梁。

我们应以开放的心态拥抱变化，以积极的态度塑造自我。在每一次社交互动中，我们都有机会展现一个更好的自己，一个更加自信、更加专业的社交新我。我们应用形象力开启新的社交篇章，创造更多的可能性。请记住，你的形象，你说了算；你的未来，由你塑造！

➲ 注重职场形象，踏上晋升快车道

如果你是企业的员工，在岗位中，你的形象代表身后的整个服务团队；在服务时，你的形象反映企业的信誉、产品和服务质量。因此，塑造一个专业、积极的形象，对于提升企业形象和个人职业发展至关重要。尤其是在服务型行业，客户可能不记得你是谁，但一定记得你是哪家企业的。可以说，员工是企业流动的广告。

曹德旺先生在自传《心若菩提》里讲到一段自己早期在农场当销售员的经历。在好兄弟山兜农场王以晃场主的帮助下，他做了一身衣服，一副武装后，整个人就像换了个人似的。王场长满意地点点头："看来，衣胆衣威，俗语说的'人靠衣装马靠鞍'还是有一定道理的。作为山兜农场的销售员，也是农场的门面，出外销售，和人打交道，模样儿还是很重要的。"曹德旺先生写到："从那以后，外出的时候，再累也要穿戴齐整，打扮和自己的身份相当。这个习惯，我一直保持着。"

甚至在工作中，你的形象代表了领导水平、管理能力和团队氛围。组织的形象和任何一个成员密切相关。虽然个体不能完全代表全体和组织，却是组织形象不可或缺的因子。

服务的行业和企业很多，我经常去企业。当看到员工的形象时，我就大致可以判断这家企业的文化和风格。例如，前一天刚给银行做过培训，我看到大家都是齐刷刷地身穿套装；第二天给文化创意公司上课，我看到的是各种大放异彩的风格和宽松休闲的范儿。同样是外企，美国公司一般更开放，员工经常会解开西装外套或直接穿衬衫，而欧洲企业员工的穿着则显得更工整、严谨一些。

服装在企业中甚至是文化的载体。员工形象是企业管理的一部分，也是企业形象的一个重要展示。你的职业形象塑造，必须与个人职业气质、工作特点、个人年龄、行业特征、环境风格相契合。

如果你是企业的管理者，尤其你是企业的 CEO，你的形象更不是代表独立的个体，而是代表公司的形象，是公司的第一代言人。例如，说到格力，大众就会想到董明珠强势、有魄力，所以给大家的印象是格力的产品质量也过硬。可以说，企业家的形象有时候与企业的 IP 是强链接的。

乔布斯在发布会上永远穿着黑色高领毛衣（或者黑色衬衫）和蓝色牛仔裤，这与苹果所传递的极简风格相匹配；扎克伯格的标配是灰色 T 恤衫加蓝色牛仔裤，浓浓的硅谷风；早年的马云是"毛衣控"，而且偏爱炫彩颜色的毛衣，这些色彩对比强烈的毛衣让人很容易对身材瘦小的他留下印象，而且显得洒脱随性；史玉柱是第一个穿着运动装走进纽交所敲钟的企业家，在此之前，他喜欢穿红色 T 恤，他认为红色会给自己带来好运；周鸿祎也喜欢在公共场合穿红色衣服，倒不一定与运气相关，这是他名字的谐音，而且后来成为他 IP 的一部分，他的一些绰号就是由此而来的。

不要小看这些着装、饰品、细节，当它作为一个符号，伴随创业者在各种公开场合反复出现时，就会内化为能提高辨识度的元素。这是视觉锤原理在企业家形象管理中的应用，会把你的辨识度像钉子一样砸入用户的脑海。[①]

正如郭沫若先生所言，"衣裳是文化的表征，衣裳是思想的形象。"一个人的形象不只是代表了个人，更是行业、团队、集体、组织、国家和文化的代表。就像奥运会开幕式上，运动员的形象、着装也是国家文化和体育精神的象征。作为职场人士、管理者，我们的形象体现了责任感。

———————————

① 引自何伊凡的《形象市值：如何高效获得持续影响力》。

行动小贴士

> 我的形象看起来像行业里的高收入人群吗？

上班前看着镜子，问问自己："我的形象看起来像行业里的高收入人群吗？"如果答案是否定的，恭喜你，认知是改变的第一步。如果你想向上一步，先想想你所在行业的精英是什么样子吧！

第 2 章

色眼识人：

用色彩诉说社交语言

穿着一身红色衣服和一身黑色衣服的人同时向你走过来，你会先看到谁呢？是的，穿红色衣服的人。这是因为鲜艳的颜色在视觉上更突出，能够迅速吸引观察者的注意。这种现象说明了色彩对人们的心理能产生重要影响。在商业和营销领域，色彩心理学的应用也非常广泛，设计师会利用人们对颜色的感知来设计产品包装、广告和品牌形象，以此吸引顾客和传达特定的信息。

此外，颜色还能够影响人们的决策过程。研究表明，颜色可以影响人们对产品品质、价格和价值的感知。例如，某些颜色可能使产品看起来更高端，而其他颜色则可能使产品看起来更实惠。

学习"色眼识人"，意味着我们能够更好地理解色彩影响他人对我们的看法，以及利用色彩塑造自己的形象和传达信息。这种能力在个人成长、社交能量、领导力风格等多个领域都至关重要。

● 色彩的意象和心理：看懂颜色，读懂人

　　人类对色彩并不陌生。色彩源于大自然，我们生活在其中，不仅能够感受和欣赏这个世界的绚丽多彩，还能通过色彩理解和表达自己的情感与心理状态。色彩作为一种无声的语言，在我们的生活中无处不在，它不仅影响我们的视觉感受，而且深刻地触动我们的内心世界。了解色彩的意象和心理，我们就能更好地读懂他人，也能在社交中更准确地运用色彩表达自己。

　　物理学家牛顿通过色散实验揭示了一个重要的光学原理：白色的光实际上由多种颜色的光混合而成。这个发现为我们理解色彩的复杂性提供了科学基础。所以，万千世界纵然有再多的色彩，其实也只是两种——有彩色和无彩色。无彩色就是黑白灰等中性色，除此之外都是有彩色。红、橙、黄、绿、蓝、靛、紫等有彩色让这个世界变得更精彩，每个颜色也被赋予了不同的意义。请看以下颜色会让你有什么联想和感受呢?

　　色彩心理学研究表明，不同的颜色对人的情绪和认知有不同程度的影响，这是因为颜色刺激人体产生的激素不同，进而引发不同的心理反应。大家对红色不陌生，每年春节使用的红灯笼、红衣裳、红春联都是喜庆的代表。红色代表了热情、欢庆、奔

放，这是红色带来的正面意义。任何颜色都有两面性，红色也不例外。当我们长期处于红色环境中时，脉搏会加快，血压会升高，心跳会加速。这是因为在所有颜色中，红色的光波最长，具有太强的震撼力。就如热情过头，情绪便会冲动、急躁，红色太过便容易让人热血沸腾、急红眼。

一看到夏日里的向日葵，你会感觉到那份阳光、开朗和快乐。黄色就是如此向阳的颜色，会驱散阴郁。如果你今天跟一个朋友碰面，希望自己看起来更明亮、快乐一些，就可以穿黄色或带有黄色元素的衣服。快乐是幸福的，但悲剧才有震撼力。因此，喜欢黄色的人有时候会显得简单和过于天真。

橙色是红色与黄色的调和产物，是这两个颜色的混合色，给人充满活力的感觉。很多大企业的标识都是用橙色作为底色，如阿里巴巴、小米、滴滴打车、平安银行等。很多运动馆或健身馆的背景装饰也会用橙色，包括运动服装的设计也是如此，让你感觉更有"橙色动力"。如果餐厅用橙色，就会让人感觉更能打开胃口。但同时，橙色也是比较有侵略性的颜色，追求速度与爆发力。当我们需要安静下来时，就不太适合待在橙色较多的地方。

要说最包容的颜色，便是绿色了。盎然的绿色象征着健康、生机、平和。当我们疲惫时，走到大自然，在绿草丛林的怀抱中可获得滋养。眼睛累了，抬起头眺望一片绿色，顿时恢复了生气。但是，平和过度也容易让人觉得没有立场和脾气。过度使用绿色，就容易让人觉得消极、缺乏激情、无欲无求。

在光谱色中，波长最短的是紫色。人们往往也对紫外线的辐射采取各种防护。紫色是最高贵的颜色，大自然中紫色的花没有像红、黄、白等颜色的花那样多。原有的紫色是在虫子、贝壳中提取出来的，物以稀为贵。紫色又是所有色彩中电磁波最不稳定的，这是一个比较梦幻的色彩。所以，紫色很适合用作一些梦幻主题。据说，灰紫色是艺术家的专属色。从色彩意象来说，紫色过多会让人感觉不稳定，有点神经质。

据调查，蓝色是人类最喜爱的颜色。最保守和不出差错的职场正装用色之一便是蓝色。蓝色越深，越显示出庄严、高效和权威性。大自然中，蓝色的大海、天空、远峰总能让人放空自我。蓝色是理性、严谨的代表，给人安全、沉稳和信赖感。但是，如果你听过蓝调音乐（Blue Music）——下雨的午后，咖啡馆里悠悠的曲子总给你无限的忧伤和惆怅，就能理解蓝色的另一面为何叫"忧郁"。我相信，即使你没看过，但听到电影《蓝色生死恋》的名字，就能联想到浪漫与悲伤吧！有研究表明，红色增进食欲，蓝色抑制食欲。卖水果时，颜色越红、越鲜艳，水果就越受欢迎。对于减肥的人来说，把食物放在蓝色的盘子里，或者在餐桌上放一个蓝色的装饰灯，都能降低食欲。

很多人在不知道穿什么颜色的衣服时，就直接选择黑白灰。黑白灰虽是无彩色，却往往代表了最高境界。例如，奥斯卡金像奖颁奖典礼、诺贝尔奖颁奖典礼、维也纳新年音乐会等世界上重大的仪式或礼仪性场合都需要穿着黑白灰的服饰。尤其黑色给人神秘、现代的感觉，"黑夜给了我黑色的眼睛，我却用它寻找光明"。"黑"代表了未知，但也代表了各种被惩罚的可能。深夜隐藏秘密，黑暗滋生邪恶。因此，黑色过多，容易让人感觉阴郁、沉闷。

作为一位女士，参加一场以男性为主的会议，或在一个充满男性的职场里奋斗，可以选择灰色西装。灰色是一种中性色，它不动声色、包容大度，可以帮助你更快融合进来。灰色能给人都市的现代感，显得知性优雅，与其他颜色搭配时往往也能更出彩。喜欢灰色的人通常也是讲究细节的人。当然，过分地讲究就是挑剔。因此，灰色需要中和得刚刚好。色彩心理学家认为，如果人长期处在一片灰色的环境中，就会感到昏昏欲睡、筋疲力尽，丧失了创造性。

冬天到了，白雪皑皑的世界一片纯洁。与紫色的高贵妩媚不同，白色是纯粹而高雅，不掺杂一丝一毫的色彩，也让人容易变得有洁癖。这份洁癖不只是外在，而且是一份精神与内在表达，比如"精神洁癖"。一个道德不高、正义感不强或底线太低的人，就可能成不了白色爱好者的朋友。所以，纯粹的人往往也孤独。

每年的三月，樱花绽放，粉红色的花朵簇团相拥，让人感到清纯、浪漫。粉色调的柔和能舒缓人紧张的心理状态，让人精神放松下来。一位女士不管多大的年纪，穿了一身粉色衣服，都在告诉别人：我内心永远住着一个小女孩，有一颗天真浪漫的心。当然，如果一直喜欢粉色，从来没有变化过，也说明是永远长不大或不想长大的小女孩。粉色的反面是幼稚。有意思的是据调查，越来越多的新生代女性并不是芭比粉的"铁杆"，说明现代女性的觉醒和成熟越来越年轻化了。

与粉色相反，大方、成熟、稳定的咖色是都市成熟女性的标配色。当然，不代表所有的成熟女性都喜欢。但不可否认的是与粉色不同，咖色总有一份沉稳的优雅，如同那历经岁月而韵美意浓的沉香木。咖色接近大地色系，也让人感觉更质朴、踏实。当然，沉稳过度也会缺乏创新和创造力。

关于色彩的正面意义和反面意义，如表 2-1 所示。

表 2-1　色彩的正面意义和反面意义

色彩	正面意义	反面意义
红色	热情、开放、积极进取	冲动、急躁、易怒
黄色	快乐、开朗、希望	简单、幼稚、缺乏深度
橙色	活力、动感、阳光	侵略性、急躁、缺乏耐心
绿色	和平、健康、生机勃勃	过于平淡、缺乏激情

（续表）

色彩	正面意义	反面意义
∞ 紫色	高贵、妩媚、神秘	分裂、神经质、不稳定
◿ 蓝色	严谨、理性、稳定	忧郁、冷漠、缺乏活力
■ 黑色	神秘、现代、力量	邪恶、压抑、恐惧
■ 灰色	都市、知性、成熟	挑剔、单调、缺乏活力
▯ 白色	纯洁、高雅、清新	精神洁癖、冷漠、缺乏个性
〰 粉红色	清纯、浪漫、柔和	幼稚、过于甜美、缺乏深度
△ 咖色	大方、稳重、包容	缺乏创造力、保守

在服装的三大要素——颜色、材质、款式中，颜色尤为重要。我们去服装店试衣服都会先问："这个颜色适合我吗？"很多人对着装有一个执念，即我只适合穿某种或某几种颜色。

其实，每个人都可以穿出所有颜色的衣服。就如红色有绛红、浅红、粉红，不代表所有的红色衣服都不可以穿。只要合适的红色衣服，同时配合妆容和配饰的点缀，就都能驾驭。

很多美学专家建议避开土黄色，因为这个颜色容易让我们的肤色显得暗沉。另外，除非我们是服装搭配达人，身上的色系（红、橙、黄、绿、蓝、靛、紫）一般不要超过3种，以免让人眼花缭乱。

● 服装色彩：自我成长的见证

莎士比亚曾说："如果我们沉默不语，我们的衣裳与体态也会泄露我们过去的经历。"服装不仅是外在的装饰，而且是个体成长和自我表达的重要工具。通过了解不同阶段的服装选择，我们可以看清一个人的心理变化和成长历程。一个人喜欢什么颜色，其实与他当前的心理状态密切相关。随着生活环境、心态发生变化，你喜欢的色彩也会随之改变。从某个层面而言，颜色是一个人生命变化的标识。用色的变化也是一场自我探寻、与自我相遇的旅程。如果一个人从未改变过用色，也很可能说明他从来没有成长过。

几年前，我在课堂上遇到一位名叫萱萱的女生，她在一家新媒体策划公司工作。由于刚生完孩子，她的体重增加了很多。又因为在哺乳期，她也不敢轻易减肥。随着身材的变形及产后产生的各种生理反应，她的自信心逐渐被消磨，她开始怀疑自己的各个方面，觉得自己很自卑。萱萱告诉我，她曾经是一个外向开朗且热爱生活的人，喜欢穿各种鲜艳颜色的衣服。但近一两年，她发现自己越来越倾向于穿黑色和灰色的衣服，仿佛这些颜色能给她带来安全感，减轻她的身材焦虑。

我和萱萱交流后，建议她尝试一些明亮而温暖的颜色，如橙色、黄色、红色等。这些颜色象征着活力与热情，或许能帮助她调整精神状态。起初，萱萱对这个提议感到犹豫，但她还是同意试一试。

第二次，我到他们公司复训，萱萱穿着一件亮丽的粉红色连衣裙来见我。她的眼睛里闪烁着久违的光芒，整个人看起来充满了生机。她很感谢我给她的建议，虽然当时她也知道要改变，但好像就需要有个人拉她一把，让她跨出一步。她感觉仿佛重新找到了自己。同事们也注意到她的变化，纷纷给予肯定和赞扬。这次小小的改变不仅让萱萱在工作中更加自信，也让她意识到通过服装的选择，可以积极地影响自己的心态和情绪。

一个人可以借助服装的奇妙作用，对自己的外表进行包装，从而戏剧性地改变自己的生活。专业的形象师也会借助服装帮助客户诊断状态和调整心情。借用我的好朋友、IBIE[①] 国际形象导师逢天舒老师的话："从某个层面来说，形象师也是半个心理咨询师，帮助服务对象调试状态。"

我们甚至可以借助服饰与自我对话，从而增加能量。颜色是心情、信息的传递，也是能量的传递。现在有流行的小程序"五行穿衣"，用户可以根据五行——金、木、水、火、土对应的颜色来着装。例如，五行中的金对应的是白色。当我感觉自己比较疲乏时，我会看看加点什么颜色让大环境可以助我办事轻松点。

---

① 即国际形象礼仪组织协会（International Business Image Etiquette Association）。

把第二天要穿的衣服放好，然后安然入梦。或许看起来有点迷信或烦琐，但不可忽略这个小小仪式的积极作用。每次穿着相应的颜色出门时，我总觉得今天是好运的一天，出门办事一定很顺利。自我暗示带来正面的力量。虽然我知道这可能只是一种心理暗示，但它确实给了我很大的帮助。穿上喜欢的衣服，我都感觉自己像带着一股无形的力量，能够更好地应对生活中的挑战。

有人说，30 岁前或许是走在尝试和探索的路上，30 岁后就能找到属于自己的风格或适合自己的妆容。其中反映的不仅是自我定位，也是自己与社会交流的形象语言。李渔在《闲情偶寄》里说到："人有生成之面，面有相配之衣，衣有相配之色，皆一定而不可移者。"静下心来，你一定可以找到适合自己当下的颜色和衣服。

⊃ 色彩选择背后的审美层级：从物质到精神的蜕变

在我国这片古老又充满活力的土地上，审美不仅是一种个人品位，而且是一种文化传承与时代变迁的见证。从物质匮乏年代的实用主义到现代的个性化表达，色彩选择反映了社会经济的进步和个体精神追求的提升。

色彩不仅是视觉上的享受，而且是情感与精神的表达，承载着人们对生活的理解与追求。它如同一面镜子，映射出社会的经济状况、文化背景及个体的心理状态。每一种颜色的选择都是对当时生活环境的回应，也是对未来美好生活的期许。从穷到素，人们的审美层级展现了不同生活阶段和内心世界的追求与变迁。

（1）穷：实用主义的坚守

在物质匮乏的年代，人们的审美往往聚焦于服装的功能性。一件衣服的首要特性是能遮体保暖、耐用实惠。那时的美是朴素而直接的，如同大地般厚重，承载着生活的艰辛与希望。例如，二十世纪五六十年代，全国人民穿着中山装、工装，颜色也是厚重的藏蓝、深蓝、军绿色等。这种审美虽看似简单，却蕴含着对生命的尊重与珍视。

（2）富：炫耀与不安的交织

一些人希望通过外在的装扮彰显或炫耀自己的成功。然而，这种炫耀背后往往隐藏着一种深深的不安全感。他们害怕被忽视，害怕失去已拥有的财富与地位。于是，他们选择用夸张的装饰、鲜艳的颜色装点自己，却往往忽略了与环境、氛围的和谐共处，有时甚至会成为一种视觉上的伤害。

（3）贵：物质与精神的双重追求

从实用主义的坚守到炫耀与不安的交织，反映了社会经济发展过程中人们审美观念的初步转变。随着财富的进一步积累，人们开始追求更高层次的审美，即物质与精神的双重追求。当财富积累到一定程度时，人们开始意识到真正的尊贵不仅在于物质的堆砌，而且在于精神的富足。服装的颜色也是饱和度高的纯色系。这种审美既注重物质的品质与细节，又强调精神的独立与高雅。它如同一座桥梁，连接着物质世界与精神世界，让人们在享受物质的同时，也能感受到精神的滋养与升华。

（4）雅：简约而不简单的艺术

在经历了物质的喧嚣后，一部分人开始追求一种更为内敛、含蓄的美。他们注重服装的廓形与线条，追求简约而不简单的设计。装饰虽少，但每一处都恰到好处，颜色柔和而富有层次感。这种审美如同一位温文尔雅的君子，举手投足间都透露出从容与自信。在社交场合，他们往往能凭借这种独特的审美品位赢得他人的尊重与喜爱。

（5）素：心灵的纯净与宁静

最终，当一切繁华落尽，人们开始追求一种更为纯粹、质朴的美。他们不再注重服装的线条与装饰，而是追求心灵的纯净与宁静。服装如同他们的内心一样，柔软而充满包容。他们看待世界的眼光也是柔和的，充满了理解与宽容。这种审美如同一位智者，用一颗平和的心面对生活中的一切挑战与变故。

这些审美层级的演变体现了社会发展和个人成长对色彩选择的深刻影响，也反映了人们在不同阶段对美的理解和追求。从物质匮乏到精神富足，每一次蜕变都是对生命价值的重新定义。当上一代人在为"养胃"奔波时，新生代们在花时间"养心"，现在很多"90后""00后"都关注精神的富足。审美既是物质，也是精神，引领我们走向和谐——内外在的和谐与自我的和谐。

➲ 色彩的情感诱惑：在社交中点燃氛围

在这个世界中，我们通过色彩识别和理解他人，"色眼识人"不仅指通过外在的着装色彩，而且指通过色彩感知他人的情感和个性。不同的色彩能调动人的不同情感，因为每种色彩刺激人体的激素不同。

例如，很多人一定听过暖色和冷色。颜色中带有红、橙、黄色调的就是暖色，带有蓝、绿、紫色调的就是冷色。其实很好理解，当我们看到红、橙、黄色调时就会联想到太阳、向日葵、成熟的麦田等，这些意象也会让我们的心理感觉到明媚和温暖；而冷静理性的湖泊、幽深的森林、大片的薰衣草都有蓝、绿、紫的清冷。橙色调墙面的房间会比蓝色调墙面的房间让人感觉更温暖。这不仅是视觉上的传达，也是心理上的影响。

色彩不仅是装饰元素，它还能够深刻地影响人们的情绪和行为，进而改变社会环境和公共安全。

英国有一个自杀高发地——波利菲尔大桥。当把桥身的黑色重新油漆成绿色，自杀率减少了 2/3。这是因为绿色可以促使人体分泌乙酰胆碱，具有安神、缓解压力的功效，能在一定程度上打消自杀者的自杀念头。

在英国格拉斯哥，当地人把街灯换成蓝色之后，犯罪率大大降低了，这是因为蓝色可以促使人体分泌血清素。而血清素有助于安抚人的情绪，从而降低犯罪率。

某监狱将墙壁的颜色换成淡粉色之后，服刑人员之间的争端和暴力降低了很多。这是因为粉色可以促使人体分泌雌性激素，而雌性激素有助于让人保持情绪稳定。[1]

这些例子充分说明了色彩在调节人类情感和社会行为方面的巨大潜力。通过合理运用色彩，我们可以改善生活环境，保持心理健康，甚至促进社会和谐。无论是城市规划者、室内设计师，还是日常生活中的个人，都应该重视色彩的力量，利用它创造更加积极和健康的氛围。

---

[1] 引自 2020 年 9 月人民邮电出版社出版的《职场形象管理：如何从人群中脱颖而出》，作者木暮桂子。

因此，在社交场合，我们也可以巧妙地运用色彩点燃氛围，增强互动效果。例如，在商务会议或正式晚宴上，穿着深蓝色或紫色的服装可以传递专业和权威的感觉；而在朋友聚会或休闲活动中，明亮的红色或橙色则能带来活力与热情。通过选择合适的色彩，我们不仅能够表达自己的个性和态度，还能有效地影响周围人的情绪，营造理想的交流环境。

总之，色彩的情感诱惑不只是一个理论概念，它已经在实际应用中证明了自己的价值。我们可以学会用色彩的语言，讲述更多美好的故事，构建一个更加温馨和谐的社交情境。

● 多巴胺穿搭：激发积极社交能量

近年来兴起的多巴胺穿搭（Dopamine Dressing）不仅是时尚潮流的体现，而且融合了心理学、社会学与消费行为的深刻内涵，通过色彩鲜亮的时装激发积极情绪，提升个人的社交能量。这个概念最早由时尚心理学家道恩·卡伦（Dawnn Karen）在其著作《穿出最好的人生》中提出。她认为，穿着乐观的服装可以释放促进情绪的神经递质多巴胺，从而提升个人的愉悦感。这种穿搭风格强调通过色彩鲜亮的时装调动正面情绪，实现"把快乐穿在身上"的效果。

色彩心理学指出，颜色能显著影响人的情绪与行为。多巴胺穿搭利用高饱和度色彩，如红、橙、黄、绿等刺激视觉，激发积极情绪，达到情绪疗愈的效果。在近几年的艰难环境中，人们更加向往色彩与快乐，多巴胺穿搭应运而生，为灰暗的世界带来一抹亮色。社交媒体的广泛传播加速了这个趋势的全球化，时尚界亦积极响应。例如，范思哲（VERSACE）等品牌推出纯色多巴胺穿搭系列，设计师多纳泰拉·范思哲（Donatella Versace）强调，色彩就是生命、欢乐、乐趣。这反映了时尚界对于色彩和情绪之间联系的深刻理解。

多巴胺穿搭的流行还折射出消费者心理的转变。消费者通过购买并穿着此类服装，实现自我调节，释放压力，缓解负面情绪，既追求快乐，又符合年轻人理性消费的理念。同时，这与社交行为紧密相连。戈夫曼的"拟剧理论"指出，人们在社会交往中扮演着角色，穿搭成为展现自我形象的重要工具，影响他人对自己的看法。

然而，多巴胺穿搭并非适合所有人。MBTI[①] 人格类型中的外

---

① MBTI（Myers-Briggs Type Indicator）即迈尔斯－布里格斯类型指标，是目前应用较为广泛的一种性格测试工具。它基于荣格的心理类型理论，通过测量个体在 4 个维度的偏好程度来确定其人格类型。这 4 个维度具体说明如下。1. 能量获取方式：外倾（E）与内倾（I），即个体是从外部世界还是内部世界获取能量；2. 信息获取方式：感觉（S）与直觉（N），即个体是通过五官还是直觉来获取信息；3. 决策方式：思维（T）与情感（F），即个体是依据逻辑还是情感来做决策；4. 生活方式：判断（J）与知觉（P），即个体是喜欢有序的计划还是灵活的适应。4 个维度的不同偏好倾向经过排列组合就形成了 16 种人格类型，每种人格类型分别由 4 个字母表示。

倾（E）型人通常活跃、喜社交，乐于成为焦点，多巴胺穿搭的明亮色彩与他们的社交倾向及对外界刺激的开放性相契合，可增强社交体验，提升自信与舒适度。相比之下，内倾（I）型人更倾向独处与深思，不追求成为注意中心。但这并不意味着内倾者无法或不应尝试多巴胺穿搭，如果他们愿意改变，或在特定社交场合希望更加突出，选择此类穿搭同样可行。关键在于个人的喜好、舒适度、场合适宜性，以及文化、情感等因素的综合考量。

多巴胺穿搭的核心在于，它不仅是一种外在的时尚表达，而且是一种内在情绪管理的手段。它鼓励人们通过色彩的选择，主动调节情绪状态，无论是追求日常的快乐与活力，还是在特定场合展现自我，都提供了一种直观且有效的方式。这种穿搭风潮的兴起，反映了现代人在快节奏、高压力的生活中对于情绪健康与心理调节的日益重视。

同时，多巴胺穿搭也促进了时尚界的创新与多元化。品牌与设计师开始更加注重服装的情感价值，通过色彩与设计的巧妙结合，满足消费者对快乐、自信与个性的追求。这种趋势不仅推动了时尚产业的发展，也为消费者提供了更多元、更个性化的选择，使穿搭成为一种表达自我、提升生活质量的方式。

总之，多巴胺穿搭作为一种融合了心理学、社会学与消费行为的时尚现象，其流行不仅体现了人们对色彩与情绪的深刻理

解，也反映了现代人在追求快乐与心理健康方面的积极态度。无
论是外倾，还是内倾，每个人都可以根据自己的喜好与需求选择
适合自己的穿搭风格，让色彩成为生活中不可或缺的一部分，为
日常生活增添一抹亮色，实现自我表达与情绪调节的双重目的。

⊃ 色彩的领导心理学：运用色彩展现领导力

同样，在领导心理学中，色彩的意义也传达了不同的领导风
格和情绪反应，如表 2-2 所示。

表 2-2　色彩的意义传达的领导风格和情绪反应

颜色 / 风格	意义与特征	代表人物	说明
白色	表示逻辑性和分析头脑，可能缺乏主动性和判断力	比尔·盖茨（微软创始人）	通常与理性决策和严谨思维相关
蓝色	自尊心强，通常给人以信任感和专业性	杰克·韦尔奇（通用电气前CEO）	适合领导需要展现稳定性和可靠性的场合
黑色	冷酷、有领导力，展现出权威和决断力	乔布斯（苹果创始人）	以其强烈的个性和创新能力而著称，强调设计与用户体验
红色	充满力量、冲动、坚强，象征着积极进取的生活态度	周鸿祎（360创始人）	以其果敢的决策和快速反应而闻名，推动了网络安全的发展
彩色	艺术家的气质，表现出创造力和独特性	马云（阿里巴巴创始人）	通常与创新和灵活的领导风格相关

（续表）

颜色/风格	意义与特征	代表人物	说明
灰色	表示逻辑性和分析头脑，可能缺乏主动性	李彦宏（百度创始人）	以其理性和深思熟虑的决策风格而著称
绿色	自由宽大的胸怀，通常表现出包容性、和谐的特质	安吉拉·默克尔（德国前总理）	适合强调团队合作与环境友好的领导风格
简单朴素	代表行动迅速，注重实效	马化腾（腾讯创始人）	以其低调和务实的风格而闻名，专注于产品与用户体验
深色衣服	代表深谋远虑，通常给人以成熟稳重的印象	刘强东（京东创始人）	适合需要展现权威与决策能力的领导风格
彩色花衣服	爱表现，展现个性与活力	张朝阳（搜狐创始人）	以其个性化的风格和创新思维而著称，推动了互联网的发展
单一款式	简单、行动迅速，通常展现出直接和高效的决策风格	埃隆·马斯克（特斯拉和 SpaceX 创始人）	以其简单的着装风格和专注于产品开发而闻名，强调用户体验

通过对不同颜色及其代表人物的分析，我们可以更好地理解色彩在领导风格和情绪反应中的重要性。每种颜色不仅传达了特定的个性特征，也反映了领导者在决策、管理和沟通中的风格。这种理解有助于提升领导者的自我认知和团队协作能力。

这与 DISC 风格沟通理论不谋而合。DISC 是一种被广泛采纳的行为评估工具，其目的在于协助个人与组织更深入地理解人类的行为及沟通风格。该理论源自心理学家威廉·莫尔顿·马斯顿（William Moulton Marston）于 1928 年提出的理论基础，并经过后世学者的持续发展与完善。DISC 模型借助 4 个核心维度阐释人的行为特质及沟通倾向，每个维度均对应一种典型的行为模式：D 代表支配型（Dominance）、I 代表影响型（Influence）、S 代表稳健型（Steadiness）、C 代表谨慎型（Conscientiousness）。

D 型（支配型）人往往穿着简洁而富有权威感的深色系服装，如黑色、深蓝色或深灰色。这类颜色象征着力量、稳定和控制，能够增强他们在团队中的领导地位和决策力。D 型人喜欢通过简洁明了的沟通方式传达信息，他们的穿着也体现了这一点：干净利落，没有过多的装饰，让人一眼就能感受到其专业性和果断性。

I 型（影响型）人倾向于选择明亮而充满活力的颜色，如红色、橙色或黄色。这些颜色展现了热情、乐观和创造力，非常适合那些善于激励他人、推动团队向前的领导者。I 型人的穿着风格往往更加个性化和引人注目，他们希望通过自己的形象吸引他人注意，激发团队的积极性和创造力。

S 型（稳健型）人更偏好柔和、舒适的颜色，如米色、浅蓝或淡绿色。这些颜色给人一种平和、可靠的感觉，适合那些注重团队和谐、愿意倾听和支持他人的领导者。S 型人的穿着风格通常较为保守，但不失温馨，能够营造舒适的交流环境，让团队成员感到放松和信任。

C型（谨慎型）人则更倾向于中性色调和冷色调，如白色、灰色或浅蓝色。这些颜色展现了冷静、理性和精确的形象，非常适合那些注重细节、追求完美的领导者。C型人的穿着风格通常非常整洁，注重功能性和实用性，显示出他们对效率和秩序的高度关注。

你可以留意一下，领导或客户在日常工作环境中的着装颜色与风格。这些选择或许能够辅助你更深入地理解他们的领导风格和个人特质。无论是男性还是女性，穿着不仅是外表的装饰，更是内在性格的一种无声表达。而颜色则是这种服饰语言中最直观、最具影响力的元素，它能够在瞬间表达一个人的情感和态度。

色彩不仅是一种特殊的沟通符号，而且是一种跨越语言和文化的通用语言，如同音乐和舞蹈一样，无须依赖特定的文字或言语。在许多公共服务区域，色彩的运用往往比文字更具冲击力和直接性。例如，我们看到黄牌便知那是警示，看到红灯则会立刻停下脚步。同样，将色彩巧妙地运用于服饰中，它便成了个人形象的一种无声表达，展现了穿戴者的个性、情绪和意图。

　　色彩的应用远不止服装和个人心理层面，它在城市建设、家居设计、办公环境激励，乃至商业包装策略等多个领域都扮演着不可或缺的角色。不同的城市和地区拥有各自独特的色彩印记。有的如水墨画般隽永深邃，如我国江南古镇的灰色调；有的则充满活力与热情，如东南亚和南美洲，以及巴西等国家，其色彩斑斓的风貌反映了当地文化直率奔放的特点。无论是在宏观的城市规划中，还是微观的日常生活中，色彩都在无声地影响着人们的情绪和行为，成为外在与内在的直观表达。

行动小贴士

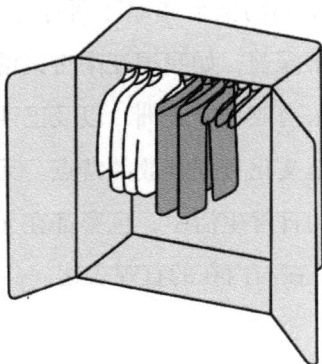

　　打开你的衣橱，一眼看去，什么颜色的衣服最多？衣橱里的衣服颜色是杂乱的，还是有序的？有没有自己想要尝试的颜色？一起探索不一样的自己吧！

第 **3** 章

场合着装：

适配环境，绽放得体风范

美国第 16 任总统林肯曾面试一位官员。这个人才识过人，但林肯见后还是没有录用他。下属就问林肯："您为什么不用他呢？"林肯说："我不喜欢他的长相。"下属就说："啊，那相貌好坏可是上帝负责的啊！"林肯说："不，30 岁以前上帝负责，30 岁以后每个人都应该为自己的长相负责。"

这个故事未经考证，但不难理解，不管是 30 岁还是 40 岁，不管是父母决定还是上帝决定，在这里，长相更多是指一个人的整体形象气质。有些人的长相一般，看起来却舒服自然；也有些人与之相反。经过后天的修炼及心态的调整，长相是会变化的。相由心生，一个人的形象是外在相貌、服饰的整体表达，也是内在气质和文化素养的外化和延伸，是一个人的软实力。

尤其在一些重要场合，我们需要管理自己在别人心中的形象。因为对于追求成功的人而言，形象"看起来就符合甚至超越我的期待"很重要。有句话说得好，你永远没有第二次机会留给别人美好的第一印象了。而第一印象的 70%～80% 来自着装。我们要尽量避免着装失误，踩到社交中的"雷区"。

➲ 着装失误：社交中的"雷区"

在复杂多变的社交场合，着装不仅能为我们遮体避寒，而且能讲述我们的身份、态度与情感。一个得体的着装选择就如同一张精美的名片，能够在瞬间给人留下深刻的印象。而一次失误的着装则可能让我们在社交场合陷入尴尬，甚至错失良机。下面通过剖析一些真实的案例揭示着装不当所带来的负面影响，并深入探讨如何避免这些陷阱。

案例一

某金融支付公司举办了一场重要的商务晚宴，邀请了多位行业内的高层领导和合作伙伴。小王作为公司的一名年轻员工，也收到了邀请。由于平时工作比较忙，小王没有太多时间准备，便直接穿着日常的休闲装——T 恤、牛仔裤和运动鞋去参加晚宴。他到达现场时，才发现其他人都穿着商务装，显得非常正式。小王顿时感到十分尴尬，觉得自己似乎不被重视，甚至影响了公司在客户心中的形象。

案例二

小李受邀参加朋友的婚礼，为了表达对新人的祝福，她特意挑选了一件红色的礼服。婚礼当天，小李穿着这件鲜艳的红裙去向新人表示祝福时就发现了不对劲。原来，在许多文化中，红色是新娘的专属颜色。尤其在中式婚礼中，红色象征着吉祥和幸福。小李的红裙虽然美丽，但在这种场合下显得有点喧宾夺主，颜色太抢镜了，甚至让新娘感到不适。她也觉得后悔，早知道就穿其他礼服来了。

案例三

小刘是一位刚进入职场的新人，为了在第一次团队会议上给同事们留下好印象，她特意佩戴了一条非常靓丽的手链，上面还挂着一些吊坠。会议开始后，每当她发言或做笔记时，手链都会因碰撞而发出轻微的声音，吸引了所有人的注意力。会议结束后，主管私下提醒小刘，过多的装饰品可能影响会议的严肃性，尤其是这种会发出声响的，让她注意在开会、上班时尽量减少不必要的配饰。小刘没想到，本来想给新同事们留下好印象的，结果却适得其反。

我们通过上述案例可以看到，着装失误不仅可能导致个人的尴尬和不安，还可能对社交关系、职业形象及他人的情感产生负面影响。正确的着装选择不仅是对他人的尊重，也是自我表达的一部分，它在很大程度上反映了一个人的专业素养和社会敏感度。因此，在参加任何社交活动之前，我们一定要提前考虑清楚场合的要求，选择最适合的服装。记住，得体的着装不仅是对他人的尊重，更是对自己的一种肯定和提升。

➲ TPOMR 原则：场合着装的精准指南

在复杂多样的社交场合，要实现精准的着装选择，就要遵循一套系统的原则。TPOMR 原则便是这样一个全面且实用的指南，它从多个维度考量场合着装的要求，确保我们的着装在时间、地点、场合、信息传达和角色定位等方面都恰到好处。

- 请问你在工作和生活中穿着都一样吗？
- 请问你在约会时和日常穿着都一样吗？
- 请问你在见重要客户、大领导和普通客户时穿着都一样吗？
- 请问你会面所有的朋友时穿着都一样吗？

如果你从来没想过或回答过这些问题，或者你的答案是"一样""差不多"，那么，你可能对场合着装的概念认知是模糊或陌生的，有必要先了解一下。

顾名思义，场合着装是指根据不同的场合采用不同的穿着打扮。1963 年，石津谦介以三个英文字母为日本的西式服装确定了主概念：TPO——时间、地点、场合。石津谦介认为，男性应根据时间、季节、地点及活动性质挑选穿着。当然，他不是第一个以社交情境思考时尚的人，但他借由一本口袋书《何时，何地，穿什么衣服？》让 TPO 概念正式化。经过半个多世纪的不断衍化，形成了一个重要的穿戴原则——TPOMR 原则。掌握 TPOMR 原则，至少让你在场合着装上不出差错。

T 代表时间，穿着与时间、季节、时代、时令有关。随着时代的变迁，着装发生了深刻的变化。二十世纪六七十年代，我国的人们喜欢穿绿军装，这是当时最时髦的衣服。到了改革开放初期，人们的衣服也慢慢从朴实走向华丽，很多人会为有一件的确良衬衣而自豪。发展到现在，各种服饰风格随处可见。这是曾经的"国民衣冠"的变化。

除了时代，人们在春夏秋冬每个季节的穿着都不同。例如，你在冬天见到一个人穿着短袖和短裤，就会觉得特别奇怪。每年各大国际品牌的时装发布会都是下一年度潮流服饰的风向标，各类潮人会紧跟最新的国际潮流。

P 代表地点，穿着与地点、空间有关。从全球来看，发达国家和地区与发展中国家和地区相比，人们的着装迥然有异。国内一线城市和四五线城市相比，人们的着装也略有不同。审美层级在不同城市是有落差的。

例如，你很可能穿着家居服就在家办公了，而你肯定不会穿一套家居服去办公室吧？都是与客户会面，你是与客户在正式的办公室面谈，还是在咖啡馆这样相对轻松的环境边喝下午茶、边聊业务？后者的环境会让你穿得更舒适、放松一些。

O 代表场合，穿着与场合有关。这就是前文提到的场合着装的概念。通常情况下，一个人无非在三种场合——职场、社交和休闲场合。人在职业场合如办公室、谈判、商务会面等与工作相关的场合，希望留给别人专业、职业、可信赖的感觉和印象；在社交场合如宴会、酒会、颁奖典礼等，追求的是时尚、个性、靓丽；在休闲场合如个人生活、私人约会、逛街、买菜、休闲运动等，希望舒服自在。从心理学来说，不管是外向，还是内敛，每个人内心深处都希望自己是最闪亮的那颗星。

不同场合的追求、目标不同，着装要求也不同。职业场合穿出职业感，社交场合穿出仪式感，休闲场合穿出松弛感。正如前文所述，工作、约会和生活属于不同的场合，穿着上需要有所区分。人们在白天上班时穿的是职业装，晚上下班后跟朋友聚会时穿的是社交装，周末去健身房时穿的是运动休闲装。

即使是职场也有细分。例如，严肃职场如参加谈判、大型国际会议等，社交职场如带有下午茶、球会等俱乐部活动的商务社交。因此，三种场合的每一种还有细分，都需要根据不同的场合和对象选择着装。

M 代表信息，穿着与你想要传达的信息有关。例如，在传统企业，你就穿得中规中矩；如果是广告创意行业，你的穿着可以有设计感和个性，展现你的创意和个性。当然，你也可以通过服装颜色表达个性。如果你想表现得热情一些，就可以穿红色、黄色等鲜艳颜色的衣服；如果显示自己保守一些，就可以选择深色的衣服。这都是跟自己想要表达的心情和信息有关的。

R 代表角色。俗话说，男女有别、长幼有别、职业有别、身份有别、民族有别。每个人有不同的角色，同时要面对不同的对象，那么着装就存在差异。例如，公司会议有内部同事的会议、与外部客户的交流会，有大领导参加的会议、新产品发布会，也有年会等，那么面对不同对象时的穿着就有区别。大会主持人、发言人、主讲人的穿着，一般也会比坐在台下的观众、听众的穿着正式和严谨得多。

综合考虑 TPOMR 原则的各个要素，我们在选择着装时就能做出最合适的决策，从而在各种社交场合中展现得体的形象。

近年来，轻职场的都市剧有不少服饰造型的杰作。热播电视剧《玫瑰的故事》中，随着女主角玫瑰一路成长，从开场穿着连体牛仔裤、戴着鸭舌帽的青春活力装，到面试成长为职场丽人的西裤白衬衫，再到家庭主妇中的精致裙装和重回职场的成熟女装，服饰和发型都在随着角色而变化。

从更深的层面来说，你的服装链接着生命中的某个角色。现代女性是既有家庭关系，又有社会关系的角色。作为妈妈，家长会上穿什么？作为职场女性，上班时穿什么？这些都是一种无形的映射和一面镜子。服装从来都是迎合穿着者的，如果一直找不到合适的服装，那么，你应先问问自己想要什么样的状态。

⊃ 得体胜于时髦：融入社交圈的不二法则

很多人对我说过："老师，我就是喜欢自由，按自己的感觉来穿着。今天高兴穿什么，就穿什么。"洒脱是为了彰显自己，而得体是为了工作。得体，也是社交的第一法则。在每一种场合都穿得对，胜过每一次都穿得时髦。如果想彰显自己，你在私下场合可以随性而为，但出现在工作场合就必须穿着得体。除非你已经到达一定层级，不需要职场的约束了。总之，掌握规则胜于展现自我。

我曾经见过某家企业的一位女员工，在夏天时穿了一条非常短的热裤。在上课时，我的眼睛时不时地瞥到她，被那条火辣的热裤吸引。好可惜，这条热裤非常适合在沙滩旅游时穿，但实在不适合穿到职场来。这种吸引来的注意力也不合时宜。无论多么开放的职场，也是工作场合。有些互联网或电商、科技企业比较提倡自由创意，企业文化也是轻松愉快的，很多人穿 T 恤、短裤和拖鞋上班。但请注意，自由不等于放纵，随意不等于随便。

其实，自由与得体也并不冲突。在穿着得体的基础上选择适合自己、感觉舒服自由的服装，只要适合这个环境即可。着装应该是一种理性的选择，尤其对于那些希望在个人事业和职业上有所发展的人。我认为，你应该根据自己要达到的目标做出着装选择，而不是根据目前自己所处的职务选择衣服。对于男士来说，"没有西装是没有未来的"，这句话看起来很绝对，但细想一下，人生很多重要时刻都需要穿正式的西装出席，如婚礼、晋升重要岗位、极重要的客户拜访、公司年会等。当下穿不到，但未来可期。从某个层面而言，衣柜的服装也代表了你想成为的人。形象是你过去、现在及未来的总和。过去是你的宝藏，现在是你的语言，未来是你的梦想。

莫言先生获得诺贝尔文学奖，在去领奖之前，很多网友建议他穿长袍马褂、唐装等，因为这是难得的展示机会。不过，我们知道诺贝尔奖的颁奖典礼有其传统着装要求。莫言先生在 2012年 12 月 10 日的颁奖典礼上选择了身穿燕尾服。不仅是他，参加典礼的男士们都如此穿着，这是国际惯例。

　　莎士比亚说过，一个人的穿着打扮，就是他的教养、品位、地位的最真实的写照。男士的着装在正式场合和社交场合求的是教养、品位与地位的认同和趋同，希望彼此更尊重与融合。清一色的燕尾服似乎也无声地证明了这是一个智慧的选择。

　　在此前的 12 月 6 日的新闻发布会上，有很多记者到场，莫言先生选择的是一套黑色的羊毛西服套装，内着棉麻混纺小篆体的莫言印章图案衬衫，配紫色绸缎领带。穿着西装是因为在对外公开场合进行国际交流，要体现我国的开放与包容，但莫言印章图案衬衫又不失其个人标签和特色。

　　12 月 8 日，莫言先生在瑞典学院发表领奖演讲，主题是"讲

故事的人"（Storyteller）。这时是莫言先生自己一个人发表演讲，一个中国人讲自己的故事，代表中国人，他就选择了身穿中山装。

接受颁奖、新闻发言、分享演讲，莫言先生在三个不同场合的角色不同，着装都发生了变化。在这里，服装不仅是我国礼仪文化的要求，也是世界的。每一个中国人在传统文化中找到当代的中国气质，在不同的场合符合不同的身份，穿出中国美和中国心。

讲究个性化的时代并不意味着排斥与孤立，如何避免成为格格不入的人？有一个小规则，即跟群体里 50% 的人保持着装标准一致就没问题了。例如，新人入职后，可以观察新公司的人都是怎样穿着的。职场人士可以在办公室放一件小西装外套，万一在上班时临时有重要的会议或商务事宜，就可以立马机动、灵活地调整；也可以备一两件丝巾或闪亮的配饰，以备社交活动的不时之需。

在什么场合穿什么衣服，专业人士就要有专业的仪表。穿着应该与时间、空间、环境、角色、场合、人物及具体事宜等相称。只有与特定场合保持一致的服饰，才能人景合一，产生和谐的审美效果。

⊃ 行业着装差异：避免因着装而"出局"

在掌握了场合着装的通用原则后，我们可以深入了解不同行业的着装规范。不同的行业犹如不同的舞台，各自有着独特的着装要求，了解这些差异有助于我们更好地融入职业场合并展现专业形象。

1995 年 3 月，通用汽车公司派几位代表前往底特律，会见亨利·福特。通用汽车公司的代表们都穿着笔挺的西装。底特律的汽车工程师们通常着装比较务实。当时的亨利·福特留着整齐的短发，穿着工装裤和衬衫。通用汽车公司的代表们一开始对这个年轻人并没有太重视。他们没有想到，未来亨利·福特会对汽车行业产生巨大的变革。

所以，第一天的会面没有取得太多进展。然而，双方约定第二天再次碰面时，亨利·福特特意穿上了一套深色西装，打上了领带，以显示对这次会面的重视。没想到，这一次通用汽车公司的代表们穿着变得比较休闲了，他们换上了牛仔裤和夹克。就这样，会议在一种相互理解的氛围中开始了，后续的洽谈也变得更加顺利。

从案例中可见，对着装的讲究也是一种沟通方式。在与不同职业的人打交道时，巧妙地运用服装可以展现友好或自己的影响力。隔行如隔山，着装也各有不同。我们了解不同类型的职场层级和着装风格，也可以迅速地做出调整和促进沟通。那么，有哪些职场类型的着装呢？

（1）权威职场型

这些行业跟国家权力、人的生命紧密相关，要求每个人必须以统一的形象出现，有统一的制服和身份标志。例如，医生、军人、公检法系统的工作人员要给人安全感，有信任度和辨识度，就不可以随意改变着装。我们一看到解放军的那身军装，就会肃然起敬，感到亲近踏实。我们也会更愿意让穿白大褂的医生看病。

统一
制服

（2）专业职场型

与权威职场型强调统一形象不同，专业职场型在保持专业感的同时，更注重通过着装体现行业的专业性和财富象征，着装风格也相对多样一些。这种类型的职业如会计、律师、投资、金融、咨询顾问等，从事这类职业的人穿得笔挺、相对保守，以黑色套装居多，体现了专业感。

深色

套装

这类行业的潜规则是先穿出专业权威感来。正如罗伯特·西奥迪尼在其著作《影响力》中所言："在我们的文化中，还有一种衣着打扮，尽管内涵不如制服那么一目了然，但是照样能暗示出权威的地位，那就是剪裁合体的西装。它也能唤起陌生人的顺从与尊重。"因此，这类服装要求比较正式，也基本遵循一个规则：离钱越近，穿得越保守。

（3）一般职场型

这种职场类型在我国最为普遍，包括一般企业、事业单位、政府机构等。这类单位内部一般很少详细严格规定着装，只要不是奇装异服，穿着得体就好。

在这类职场中有一个生存要点，就是"融入"——融入集体、融入企业的行为规范、融入规则。如果大多数同事上班时穿衬衫、休闲裤，你却每天穿西装、打领带，就会给人一种莫名其妙的距离感。但如果其他人都是穿着商务休闲装，你却穿着吊带裙、夹趾拖鞋、牛仔裤也不合适。

（4）创意职场型

在这类职场如互联网公司、文化媒体、广告、时尚行业中，衣服透露了一个人的审美品位和创意能力，员工上班时的穿着自由度比较高。受美国硅谷文化的影响，互联网企业的员工通常穿着比较随意，T恤、格子衬衫、牛仔裤很常见。这类职场对奇装异服的容忍度非常大，但对坏品位的容忍度却非常小，更考验一个人的穿衣搭配能力。

了解这些不同类型的职场穿着规则，我们能迅速地找到对标，在自己的行业或企业中穿着正确；也能快速地判断别人，以便调整自己的穿衣策略。这对于初入职场的年轻人尤其有用。

⊃ 衣橱管理：打造助力社交的时尚宝库

良好的衣橱管理是实现场合着装适配的关键环节。一个科学管理的衣橱能够为我们提供丰富多样且合适的着装选择，就像一个精心储备的时尚宝库能随时为我们的社交提供助力。在纷繁复杂的社交活动中，我们的衣橱不仅是存放衣物的空间，而且是个人形象与风格的宝库。然而，面对琳琅满目的衣物，如何做到既有序又高效的管理，却是一门值得深入探讨的学问。

做一个衣橱小测试，请回答以下 4 个问题。

• 请问每次要出席重要场合或见重要的人，你是不是总找不到合适的衣服？

- 每当换季时，你是不是总要采购新衣服？
- 今天出门，原本要买裤子 / 上衣，结果却买了那件喜欢的外套 / 裙子？
- 你永远觉得自己的衣橱里少一件衣服？

如果以上 4 个问题，你有 1 个或 1 个以上回答"是"，说明你的衣橱需要进行科学管理，让衣橱很好地为你服务。我称之为"科学衣橱"。

科学衣橱有 4 个特点，分别是"色""调""合""搭"。

"色"即衣橱里个人着装的色彩弹性是完整的。每个人都应有自己最佳的服装用色。如果你的衣橱里全是红、橙、黄、绿、蓝、紫的彩色服装，没有基础的黑白灰色彩，就会缺失一些品位感；反之，如果全部是基础色，也显得呆板、没有生气。黑白灰、藏青色、卡其色、棕色等都属于服装基础色的范畴，也是相对百搭的色彩。百搭基础色服装在你的衣橱里应占比 30%～40%，剩下 60%～70% 可以购置一些彩色衣服。英国一位美学家曾说过，只有符合比例的才是和谐的。这个比例能搭配得最有品位，而不容易过时。

在确保衣橱色彩的完整性后，我们需要关注服装的风格调性，它与色彩相互配合，共同塑造了不同场合所需的着装风格。

"调"指调性、风格。法国时装设计师伊夫·圣·洛朗说过："时装对风格来说好比维生素。它刺激你，但用药过量就危险了。"风格不对，穿衣"白费"。就如小孩偷穿妈妈的衣服，看起来怪怪的。同理，很多人买了明星同款，穿上身却没有和"卖家秀"一样的效果。

服装款式中，基本款和特色款是两大分配。根据二八法则，基本款占比 80%，彩色时尚的潮流款、特色款占比 20%，也就是常备基本款，偶尔搭配时尚款。这是比较适用大多数人的方法。

衣橱里要有些必备单品，如经典款风衣外套、短外套、马甲、针织衫、小黑裙、白衬衫、打底衫、T 恤、裤、裙等。经典款的衣服耐看、耐穿，生命力长久。这样只要稍微变动组合一下，就能够穿出不同的风格。总之，我们要学会在经久耐用和时尚新潮中找到平衡。

"合"即前文说过的场合着装。我们可以根据自己的不同发展阶段和主要活动场合精心规划并逐步添置相应的服装。这样面对不同场合，我们也可以轻松选择合适的服装，既不失专业性，也不失舒适感。定期检查和更新自己的多场合衣橱是很有必要的，可以保持自己服饰的新鲜感和实用性。同时，"合"也是和谐，即衣服和衣服、衣服和场合、衣服和角色都需要和谐。

　　"搭"指搭配。CEO原本是指企业的灵魂人物。同理，如果把衣橱比作企业，能够称之为CEO的衣服必然是代表衣橱里所有衣服的灵魂。"橱不在大，百搭则灵"。选出5～10件衣橱CEO，可以满足你每天的新形象，保证你每天不重样，让你每天都有焕然一新的感觉。衣橱的服饰件数可以不多，但组合方式要多，利用率要高。一般在购买服装时，如果不能和自己衣橱里的3件以上服饰搭配，那么这个服装可能搭配性就弱。衣橱管理遵循少而精原则，不是随心所欲或越多越好。女人应该拥有一个丰富又简单的衣橱，男人也是如此。

　　一件衣服的性价比不是看标签上或打折后的价格。一件衣服的价值＝购买价格／使用次数或使用年限。所以，贵与便宜是相对的。一件价格不菲的衣服可以穿很多年，用在很多场合。算下来，这件衣服的性价比远远超过一件便宜的、没穿两次就淘汰的衣服。这还不包括一件精致、好看的衣服带给你的自信、魅力及其他附加值。所以，精简衣橱，它会成为你打造助力社交的时尚宝库，剩下的都是你心爱的衣服，你的穿搭也变成一件快乐、有趣的事。

　　整理衣橱不仅是对衣物的简单归置，而且是个人生活方式和价值观的一种体现。通过整理衣橱，我们可以了解自己的穿衣风格、喜好及需求，从而更好地规划自己的穿着和购物行为。衣橱有序与否，也往往反映了一个人的生活态度和自我管理能力。整理衣橱就是整理你的生活，让你在内心深处获得秩序和安宁。

有句话说得好：内心越丰盛，外在就越简单；内心越空乏，外在就越复杂。一个科学衣橱不仅可以帮助我们节省时间、节约金钱和资源，也能让我们更清晰地认识自己，在心理上获得满足感和秩序感。

行动小贴士

整理衣橱的步骤如下：

1. 选择时间

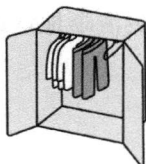

2. 清空衣橱

3. 搭配衣物

4. 处理孤品

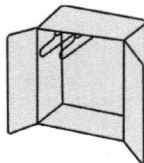

5. 清理空间

6. 观察变化

- 选择时间：找一个空闲时段，确保不会被打扰；

- 清空衣橱：将当季衣物全部取出，包括上衣、下装和配饰；

- 搭配衣物：将衣物按套搭配好、挂起，优先处理常穿的搭配；

- 处理孤品：将不常穿或有特殊意义的衣物单独打包，决定是送人，还是保留；

- 清理空间：将打包好的衣物移出衣橱，避免占用空间；

- 观察变化：整理后，感受衣橱的变化和心情的变化。

第 **4** 章

细节雕琢:

提升魅力的点睛之笔

在许多重要时刻，真正的魅力不在于刻意的张扬，而在于不经意间流露的细节之美。作为魅力人士，我们莫要"虎头蛇尾"，也要做好细微处的管理。如何根据不同的场合打造靓丽妆容？如何选择和使用合适的香水，做好嗅觉管理，让别人与你"气味相投"？饰品作为整体造型的点睛之笔，你又该如何巧妙地运用它们提升自己的整体层次感？甚至通过简单的发型变化，你又能如何展现自己独特的个人魅力？本章通过这些细致入微的细节指导，让你不仅能学会更好地打理自己的外在形象，而且能够在各种社交场合自信地展现自我。

➲ 发型之美：美丽从"头"开始，展现独特的个性与气质

头发为人体之冠，对上半身的视觉影响至关重要。它也是面

部的重要组成部分，发型不当会让美丽大打折扣。

职业人士应避免刘海过长，遮住视线，影响交流。一般情况下，男士发型以前不遮眉为宜，这样显得精神。创意性行业的从业者或自由职业者可以有更多的设计。但不管什么发型，男士要给人清爽、自然、自信的感觉。从心理感受来说，男人的干净程度直接影响了其气质的展现。所以，越干净的男人，越会给人留下好印象。

女士可以根据脸型和体型选择发型。圆脸的人适合把头顶的头发梳高，用两侧的头发修饰脸颊。长脸的人可用刘海遮住额头，增加头发的厚度。脖颈粗短者适合采用高而短的发型，脖颈细长者可尝试采用齐颈或外翘发型。瘦高体型的人适合留长发，矮胖体型的人则适合有层次的短发。

发型也应与年龄、职业、妆容、服饰等方面相协调，取决于你希望留给别人什么样的印象。不少女士会留着披肩长发或大波浪发型，或厚重的刘海，看起来妩媚柔和、温暖可爱。如果你在工作中希望弱化性别意识，那么在工作时间将头发简洁地盘起来或扎起来，视觉效果会显得干净利落、干练专业。

现代人很多会染发。一般职场人士不选择太张扬的红蓝绿"彩发系"，可考虑比较低调的"咖色系"，如亚麻、栗色、棕色、奶咖、深咖、浅咖等颜色。试想，在工作环境里顶着一头明亮张扬的头发让人频频"回头"，对个人的职业发展并非帮助。时尚人士可根据身份选择漂染亮色。

合适的、得体动感的发型可以迅速改变一个人的形象。我建议在能力范围内找一个高水平的发型师，即使费用贵点也是值得的。告诉发型师，你想要的是什么形象；如果你也说不清楚，就跟发型师说你经常出席的活动和最重视的场合，发型师会帮你设计、调整。例如，作为职业培训师，我会希望给人专业干练、优雅大气的印象，就在不断的尝试中找到了可以帮我打造出理想效果的发型师。当你找到适合自己的发型师后，就不要轻易频繁地更换，这样沟通成本降低了，每次剪发也觉得特别安心。

⮩ 妆容魅力：魅力人士靠"靓"妆提升自信与吸引力

魅力是一种无形的力量，它能让一个人在人群中脱颖而出。梅耶·马斯克，这位 70 多岁依然光彩照人的女士曾说过："魅力人士绝不会让自己在亮相时黯然失色。我喜欢化妆，因为它可以把我那如同空白画布的素颜变成一件艺术品。"她的话正是对其著作《人生由我》中自我塑造理念的最好诠释。

21 世纪，化妆已不只是一种美化手段，它更是一种个人修养的体现。化妆悦人悦己。通过化妆，女性能够改善自己的外表，将最好的一面展现给他人，这本身就是一种尊重。化妆是一种艺术，一种生活态度，也是一种自我提升的过程。

　　化妆的基本原则是扬长避短、和谐统一。这不仅涉及与发型、服装色彩的搭配，还包括面部妆容的浓淡程度，以及与个人角色、场合的适宜性，力求达到自然而完美的效果。在工作场合，淡妆是主流，妆容应该自然淡雅，让人在两米之外几乎看不出化妆的痕迹。参加晚宴或舞会时，妆容则需要更加细致和浓艳，以展现妩媚动人的魅力。日常生活中的休闲妆则以自然简洁为主，避免使用过于艳丽的口红，分散他人的注意力，影响交流沟通。眉毛是展现一个人精气神的重要部位，有必要修饰。

　　手常被誉为女人的第二张脸，其保养的重要性不言而喻。定期使用护手霜，特别是在干燥的季节，保持手部的滋润。定期进行手部去角质，注意手部的防晒。职业女性的美甲必须兼顾工作的专业性与实用性。指甲的长度需要适中，通常以不超过指尖肉为宜。关于指甲油的选择，淡雅的肉粉色或透明色系为首选。它们既能提亮肤色，又不会过分张扬；既低调，又优雅。指甲忌指甲油脱落或斑驳，如果出现这种情况，应及时修补或重新做甲。而且，要避免指甲缝里藏匿污垢。

　　值得一提的是，生活中总有一些不经意的小动作可能会破坏我们精心维护的形象。例如，在公共场合，我们会看到有些人留着小指甲，不自觉地用它掏耳朵。这个举动虽无恶意，却瞬间让自己给人的印象大打折扣。这种不经意的小动作不仅不卫生，而且非常不雅观。我们应该培养良好的个人习惯，避免这样的行为，以维护自己的形象和他人的观感。

随着现代审美的多元化，化妆不再是女性的专利。前些年的淘宝数据显示，男士化妆品的销售增长率曾超过400%，表明新生代的男士们越来越重视自己的形象。男士化妆的关键在于干净、整洁、精致，符合个人气质，让人感到舒服和谐。

林清玄在《生命的化妆》中写到："三流的化妆是脸上的化妆，二流的化妆是精神的化妆，一流的化妆是生命的化妆。"一个人的好气色不仅是胭脂水粉的功劳，更是源自心底的生命力散发的光彩。这种生命力是任何化妆品都无法实现的。

在化妆的过程中，细节至关重要。我们要注意"妆饰避人"，即不要当众化妆或补妆。

一方面是文化的需求。化妆是一种私密行为，不适合在公共场合做。我见过很多姑娘在面试等候区或餐厅时不时地对镜补妆，或者当众涂抹口红，其实这时应移步去洗手间。

我记得有一次和朋友们在快餐店吃饭，看见一位女士一吃完饭就立刻补妆。由于我们坐得很近，我不禁担心那些妆粉是否落在了食物上，这真是一场"加量不加价"的尴尬体验。

还有一次在地铁上，我看到一个小姑娘一上车就开始化妆，从底妆到口红，一气呵成。当地铁广播"××站到了"时，她迅速收拾好化妆包下车了。整个过程就像一场"准点舞台剧"，让人不禁哑然失笑。

另一方面是美感的体现。女子化妆犹如剧目编排，当你在别人面前化妆时，犹如彩排曝光，缺少了拉开幕布时的那份神秘感与惊艳感。据说日本的一些男士从来没有看到过太太的"真面目"，因为早上起床时太太已经梳妆打扮好，以精致的面目示人，晚上等先生入睡后才卸妆。

此外，妆容礼仪中还有"三勿"原则需要我们遵守：

- 勿残妆示人——妆容斑驳，及时补救；
- 勿非议他人妆容——当面和背后，皆不品头论足；
- 勿借用他人化妆品——除非至交，卫生与礼仪皆需考量。

在社交细节上，我们更需留意，不要花费了大量时间、精力，却因为那些忽略的小细节让自己减分。例如，在重要会议前，我们要忌葱、蒜、韭菜、腐乳等口味重的食物，食用后应及时清口，并且常备木糖醇、口香糖、口气清新剂等；保持牙齿洁白、口气清新；远离碳酸饮料，以茶水为伴；保持充足的休息，避免熬夜上火，影响第二天的状态。

外表干净是尊重别人，内心干净是尊重自己！在社交对象面前掏耳朵、提裤子、别腰带、梳头、拍打肩膀上的头皮屑等，更是显得缺乏教养和粗鲁，也会让人觉得被轻视和怠慢。我们也尽量不要在人多的场合发出咳嗽、清嗓、打哈欠、打喷嚏、吐痰等不雅之声，实在忍不住了，可以去洗手间或转过头用手肘遮挡。

教养，细节中见真章；素质，细节里显高低。在社交场合，我们应该时刻注意自己的言行举止，避免因为小细节而让自己的形象大打折扣。通过细心的准备和得体的行为，我们可以在社交场合展现最佳形象，赢得他人的尊重和好感。

○ 小饰品有大讲究：诠释品位与风格密码

饰品包括发饰、耳饰、胸饰、颈饰、腰饰、肩饰、手饰、脚饰等，它是形象塑造的魔法棒，常常起到画龙点睛的作用。常见的饰品如耳环、项链、手表、手链、戒指、胸针、眼镜、帽子、腰带、丝巾、围巾、珠宝等。

饰品的搭配讲究呼应原则，应确保身上的饰品与整体造型风格、场合、个人气质相得益彰。至少两处或以上的呼应，能让整体造型显得和谐统一。例如，不同脸型的人适合佩戴不同款式的耳环，圆脸的人更适合佩戴长款耳环，而方脸的人则适合佩戴圆形或流线型耳环。饰品的颜色也应与服装的主色调、个人的肤色相协调，形成视觉上的统一感。例如，金色适合与暖色调肤色搭配，银色则更适合与冷色调肤色搭配。

袜子的搭配也有讲究。穿着成套西装时，选择中长款的袜子，长度以盖过脚踝为宜，避免露出皮肤显得不雅。穿九分裤或露脚踝的鞋子时，适合穿船袜，这样显得腿更长。袜子的颜色应与服装、鞋子等整体色系相配合。例如，深色套装配深色棉袜，深蓝、暗灰、灰栗、黑色都是不错的选择。白色袜子则更适合运动场合，展现出青春活力。当然，有些人希望有点自己的小爱好和时尚感，就可以选择比较俏皮的图案或花色。

近年来，潮袜因其个性化颇受欢迎。我曾经在飞机上遇到一位穿着正式西装的外籍人士，当他微跷起腿时，露出的深蓝色袜子上端有迪斯尼卡通形象，这种不外显的小情趣显得既可爱又有趣。

一般社交场合的配饰不宜太多，否则显得眼花缭乱。女士的发饰越少越好，以免给人过于繁杂的感觉。在商务场合，选用的饰品应讲究精致、精巧。例如，男士最多佩戴一块手表和一枚婚戒，女士则佩戴小巧精致的耳钉、项链、手表或手链。

　　手表不仅是体现职业感和品位的好配置，也是男士在社交场合提升信任感的重要工具。手帕这个传统的小饰品在现代很少用了。当我们看到有人从口袋里掏出手帕时，就会对其产生一种柔软、细腻、认真的印象。

　　有时候，小饰品是心理状态的微妙映射。一个喜欢佩戴祖传项链的人可能从中获得了归属感和安全感，这种情感上的满足会转化为外在的自信与从容。小饰品也能成为调节情绪的工具。当面对压力或紧张情绪时，佩戴一件让自己感到舒适或具有特殊意义的饰品可以起到一定的心理安慰作用。例如，一位演讲者可能会选择佩戴一块幸运石手链，以提醒自己保持冷静和自信，起到积极的作用。

　　在社交互动中，小饰品还能作为非语言沟通的一部分，传递特定的情感或信息。例如，佩戴色彩鲜艳、设计夸张的饰品可能意味着佩戴者希望成为焦点，享受被关注的感觉；而选择低调、简约的饰品则可能表明佩戴者更倾向于内敛。这些信号虽不易察觉，但足以影响他人对佩戴者产生的第一印象和后续交往方式。

　　俄罗斯作家契诃夫曾说："人的一切都应该是美的：容貌、衣裳、心灵、思想。"随着社会的发展，新生代对美学和精神的探索越来越多。我期待这些细节的分享，能在容貌、衣裳、行为等方面给你带来启发。

⇒ 嗅觉印象：打造社交的情绪影响力

在工作和生活中，你有没有碰到类似的情况：靠近一个人时，你能清晰地感觉到他们身上散发出你喜欢或不喜欢的味道呢？

我曾有过一次深刻的体验。有一天出差在外，我的化妆水用完了，我就趁着午休的时间到附近商场的化妆品柜台购买。当时，我目标明确，直奔自己常用的品牌而去。但是，当我走近柜台时，一位热情的柜姐迎了上来，挨着我坐下，开始向我推荐产品。她面向我，一开口说话，我就不自觉地转过头去。那位柜姐的口气相当重，可能她刚吃过午饭，没来得及漱口。这种不适感让我无法集中注意力听她讲解，最终我找个借口匆匆离开，去其他柜台购买了同类产品。

这位柜姐可能永远也想不到，这样一个细节让她丢掉了一个订单。口气问题往往是别人意识到却不会轻易告诉你的事情。因此，魅力人士一定要做好自己的"气味管理"。与人沟通有五感体验：视觉、听觉、嗅觉、味觉、触觉。在这五感中，嗅觉受体暴露在外，且最敏感。与其他感官相比，嗅觉没有像皮肤、角膜或耳膜那样的保护屏障。因此，它更容易受到外界环境的影响，也更容易引发人们的情绪反应。

研究表明，嗅觉与情绪有直接关系。人类的情绪中，高达

75% 可以由嗅觉产生。在百货公司的女装部喷洒玫瑰香味后，销量竟然增加 60%；而在男装部使用肉桂和蜂蜜混合的香味，销量更是翻倍。人们闻到香味时会不由自主地微笑，这种愉悦感有助于提升购物体验。

嗅觉能具有如此强大的影响力，因为它是唯一不需要经过中途站——下视丘，直接到达终点——杏仁核的感官。杏仁核是掌管情绪的中心，它负责产生情绪并制造情绪记忆。因此，嗅觉成了提取记忆的一道强烈而有效的线索。气味通过刺激气味腺分泌气味分子，当气味分子被嗅觉系统识别并传递给大脑时，它们会直接影响我们的情绪状态。

特定的气味，如花香、果香等，能够引发人们的正面情绪，而某些难闻的气味则可能引发负面情绪。例如，果蝇在有香草味道的房间被电击一次后，就会避开有这个味道的房间。这些例子说明了气味与记忆的关系密不可分。

有一次，我在免税商场里无意中走到祖玛珑专柜前。在试闻了多款香水后，我随手拿起一款夜来香与白芷的香水。顿时，我仿佛穿越回到了小时候的夏夜，和外公外婆坐在院子里，摇着蒲扇，阵阵的夜来香扑鼻而来。那种熟悉的香气留存着童年的快乐和温馨。可见，当人们闻到与特定事件相关的气味时，会触发与该事件相关的记忆和情感。

宜人的气味往往能够提升人的社交感受，增加好感度。相反，令人厌恶的环境气味则可能降低人的社交积极性，甚至让人产生敌意。有一项研究发现，女性在充满浪漫氛围的空间中会感到更加愉悦，而男性则更倾向于选择无香的环境进行表白。这说明环境的气味对个体的社交行为和情绪状态有着不可忽视的影响。

随着社会的不断发展，人们对气味的敏锐度和品位层级也在不断提升。几十年前，我国家庭洗衣服普遍使用皂角或带着臭味的硫酸皂。后来，有了洗衣液和各种味道的洗涤剂、洗衣珠等产品。这种变化不仅反映了人们生活水平的提高，也体现了人们对嗅觉品位的追求。其实，越发达的国度，对气味越敏锐；越居高位者，对嗅觉管理越重视。

20 世纪 90 年代，宝洁公司投入数百万美元研发了"纺必适"这种无色无味、可以驱除难闻气味的液体产品。该产品深受市场欢迎，其衍生品也为宝洁带来了每年数十亿美元的销售收入。这充分说明了嗅觉管理在现代社会中的重要性和商业价值。

那么，我们如何在日常工作、生活和社交中巧妙地利用好香气，做好自己的嗅觉管理呢？首先，我们要检查自己的体味，包括头发、脚部、皮肤等各个部分。其次，用香水掩盖体味或异味。个人嗅觉管理中，清新无异味是前提。生活中常见的香气有来自香水或香薰、香氛等。在现代家居环境和社交活动中，也经常会有焚香、品茶等，我们可以在视觉、嗅觉、味觉上获得多层次的艺术体验。同时，这也体现了慢生活的哲学理念。在古代，薰衣是一种风俗，通过焚香使衣物散发香气，提升个人魅力。

香薰精油如薰衣草、香柠檬、雪松等味道是让人放松、安眠的，橙香、葡萄柚等是提神振奋的；当你焦躁时，可以抹一点乳香、兰香等精油；茶香精油可以消炎……每次感觉自己身体不舒服或头昏沉时，我会闻一下精油，顿时就能感觉舒畅和清醒了。

总之，嗅觉管理是提升个人魅力和社交体验的重要方面。通过选择合适的香气和保持清新无异味，我们可以在日常生活中更好地管理自己的嗅觉形象，让每一次交往都充满愉悦与和谐的气氛。

◌ 香水的选择与使用：用香味营造社交氛围

电影《闻香识女人》的主角弗兰克通过嗅觉识别不同女性的香水味，进而判断她们的性格和身份。"当你一袭飘香而过，留下回味无穷。"香水的魅力所在不只是个人形象的一部分，更是内在精神和灵魂的体现，它能通过微妙的变化影响人们的感知。

香水的世界丰富多彩，按照香调的不同，我们可以将其大致分为柑橘香调、绿香调、花香调、东方香调等几大类。每种香调都有其独特的韵味和适用场景，甚至在不同的季节里也有各自的最佳表现。而且，在不同的年龄阶段，对香水的选择同样蕴含着智慧。

- 20 岁左右的女性。这个阶段的女性如同初升的太阳，充满了活力与希望。她们适合选择清新脱俗的柑橘香调香水或自然的木香调香水，这样的香氛能够衬托出年轻女性的青春与灵动。例如，帕尔玛之水的蓝色地中海系列以其清新的柑橘香调为特色，非常适合日常穿搭，展现自然不做作的一面。

- 30 岁左右的女性。步入而立之年的女性开始展现成熟的魅力与独特的个性，花香调或东方香调的香水成了她们的理想选择。这些香调往往更加丰富与深邃，能够体现女性的优雅。香奈儿的珍藏系列便是这样一类香水，它不仅是一种香氛，更是一种态度和生活方式的象征，适合那些追求独特个性与品位的女性。

- 40 岁以上的女性。这个年龄段的女性更加重视香水带来的质感，东方花香调或琥珀东方调的香水成了她们的首选。这类香水通常含有麝香、香草等成分，能够散发出性感而神秘的气息，特别适合正式场合或夜晚聚会，彰显成熟女性的魅力与风采。

所以，香水不仅能体现个人风格，而且能传递情感。喜欢水果香的人往往拥有一颗少女心，而偏爱花香的人则更显女性柔美。至于东方型或香料型香水，则常常是成熟稳重的职场女性的选择。通过一个人使用的香水，我们或许能够窥探到她内心世界的某个角落。

用户选择香水时，不仅要考虑个人的年龄和风格，还需要结合具体的场合和个人的心情。在办公室或商务环境中，我建议选择平和、清淡且不失稳重的香氛，避免给同事带来不必要的困扰。而在家庭聚会或休闲时光里，清新宜人的海洋香调或果木香调则是不错的选择，它们能够营造轻松愉快的氛围。至于在约会或夜生活中，则不妨大胆尝试更浓烈的香氛，以增添个人魅力，让夜晚更加迷人。

香水的前调、中调、后调随着时间的推移而不同，用户可以多尝试适合自己的。如果一次性试闻太多香水，你的嗅觉可能会饱和，香水的味道也会被篡改或自己也混淆了。你闻一闻咖啡豆或者呼吸一下新鲜的空气，就可以恢复嗅觉的敏锐性。

当然，香水是极具个性体验的。即使同一种香水，在不同的人身上也会呈现截然不同的效果。正如雅诗兰黛所说："没有任何一款香水适合所有女人，也没有任何一种香水能完美地诠释女人每一刻的心境。"当爱情甜蜜时，一款融合了花香与蜜瓜气息的香水或许会让你觉得温暖又浪漫；而在心情低落时，同样的香氛却可能显得过于甜腻。因此，找到真正属于自己的那一款香水是一件美妙的事情。

香水的使用也是一门学问。正确的使用方法不仅能提升香氛的效果，还能保护肌肤健康。以下是关于香水使用的注意事项——使用香水的"五不宜"。

- 不宜喷在被太阳晒到的部位。香水中的香料有些是从天然植物中提取的挥发油，如果将其喷洒在面部以及易被太阳晒到的部位，日光中的紫外线就会与皮肤上喷洒的这些化学物质发生光化学反应，容易导致皮肤炎症等问题。
- 不宜过浓。香水太浓容易引发嗅觉障碍症，使用后需要保持距离感，减少冲击感。
- 不宜涂在易出汗的部位。汗水与香水混合后易产生异味。
- 不宜喷洒在饰品上。香水中的化学成分可能会损害某些材质的饰品，如黄金、珍珠等，使其失去原有的光泽。
- 不宜混用。两种不同的香水混合使用可能会破坏各自的独特性，造成不愉快的嗅觉体验。

为了更好地发挥香水的作用，你可以采用一些特定的使用技巧。

- 七点法：这是一种较为全面的使用方法，即在颈后、耳后、左胸前、腰两侧、手腕、大腿内侧、脚踝等处涂抹香水。这些部位大多体温高，香水容易挥发。实际操作时，可以先在手上喷一次或两次香水，然后均匀地涂抹到上述部位。

- 点沾式：这种方法更为细腻，使用无名指轻轻蘸取香水，然后点涂在相应的位置。无名指的力量最温和，不易破坏香氛的结构。

此外，还有些不常用的小方法。例如，在洗完澡、头发还没完全干时，可以将香水喷洒在头发或梳子上。夏天留长发的女生在甩头或整理长发时，隐隐约约散发出来的香气更容易让周围的人感到心情愉悦。还有，将香水混合在天然无味的润肤露上。或将洗好的内衣在加入香水的清水中浸泡一下，也可以在熨斗内加入几滴香水再熨烫衣物。

男士初次使用香水最保险的做法是选择经典品牌的经典款式。例如，男士古龙香水，这类香氛普遍受到欢迎，适合大多数场合。使用时可以采取"空气雨"的方式，即在空中轻轻喷洒，然后走过香氛区域，让香氛自然附着于身体上。这样的方法既能保证香氛的自然分布，又不会显得过于浓烈。如果你要参加一个重要的活动，不清楚对方的喜好，或你的家人、领导对香水过敏，为慎重起见，那么宁愿不喷或少喷。

香水营造的是一个看不见的私人空间，它带给我们的不仅是感官上的享受，更有心灵上的慰藉。香水何止一袭香氛，它像一件无形的衣服，"穿"对了会产生出彩的效果，给人带来无限的想象、魅力和美好。

行动小贴士

　　在参加重要会面或社交活动之前，你不妨站在镜子前进行快速自我检查。我将其总结为"1分钟自检5字诀"——眼、耳、鼻、口、手。

- 眼睛：检查眼角是否有残留物，确保眼神清澈明亮。
- 耳朵：确认耳朵是否干净，避免不洁感。
- 鼻子：检查鼻毛是否外露，保持面部整洁。
- 口腔：确保口气清新，必要时使用口香糖或漱口水。
- 双手：特别是指甲，是否整洁干净、修剪得体。

　　这些看似微不足道的小细节，往往能决定你给人的第一印象。通过这1分钟的快速自检，你可以更自信地迎接每一个重要的场合，给他人留下美好的印象。

中　篇

社交技巧进阶

第 5 章

表情管理：

传递自信与亲和力

在人的面部表情管理中，眼神和微笑是最显著的两种表达方式。眼睛是心灵的窗户，目光接触就是心灵接触。这是一个专注力稀缺的时代，专注的眼神来自专注的心。如何在交往中传递自信、专注的眼神呢？这背后有着深刻的心理机制、适用的场合及有效的对视方法。

前几年，四川甘孜藏族自治州的小伙丁真因一段短视频意外走红。视频中，他清澈的眼神和腼腆的笑容迅速吸引了大量关注，被称为"甜野男孩"。他那纯真的笑容不仅赢得了无数人的喜爱，还带动了当地旅游业的发展。这个现象充分证明了微笑的力量，它不仅是人最珍贵的表情，更是一种无需成本却能创造巨大价值的行为。

微笑不仅能够给人外在的美感，而且能够传递一种怡人和美好的感情。微笑总是给人带来欢乐和幸福，以及精神上的满足。

常把笑意带在脸上，把善意传达给所有人，是每个人都可以做到的。但是，现代社会的快节奏和高压力常常让人们忘记了微笑的重要性。许多人习惯了严肃的表情，甚至在面对他人时显得冷漠。这种表情上的缺失不仅影响了个人的情绪状态，也削弱了与他人的连接。因此，重新找回微笑，学会用微笑感染他人，是一项值得投资的情感管理技能。

⊃ 专注的眼神是一场"自信游戏"

古希腊哲学家苏格拉底曾说，眼睛算得上是所有感觉器官中最像太阳一类的东西。从这个比喻可见古代哲人对眼睛的重视。现代科学研究也证明，眼睛不仅承担着身体 70% 的感觉输入，其复杂性也远超任何人类设计的系统。眼睛不仅是视觉器官，而且是一个高度精密的情感显示器。人的一切情绪、态度和感情变化，几乎都可以从眼神中捕捉到。当对方眼神闪烁、快速眨眼时，可能表示其处于兴奋或紧张的状态；当对方眼神低垂、黯淡无光时，可能表示其情绪低落或缺乏兴趣。通过这些微妙的信号，你可以调整自己的交流方式和内容，更好地适应对方的需求和情绪状态。

南宋理学大家朱熹在《孟子集注》中解释道："盖人与物接之时，其神在目，故胸中正则神精而明，不正则神散而昏。"这句话的意思是一个人在跟他人谈话时，表情和目光应当专注；如果一身正气，内心正直，眼睛就会炯炯有神、清澈透亮；如果心术不正，眼神就会散漫而昏暗。眼神看起来只是一个表面的现象，但实际上体现了一个人内心的精神状态。

眼神透露出的气质是一种稳定的心理特征，表现在心理活动的强度、速度、灵活性与指向性等方面。在日常对话交流中，正视对方眼睛是增强自信心的有效方法之一，我们要善于利用这个沟通方法。自信的人往往通过炯炯有神的眼睛传递坚定的意志、豪情满怀、信心百倍及温情友爱的意味。

你也可以巧妙地运用眼神引导对话的方向和节奏。例如，当你希望对方更多分享某个话题时，你可以通过眼神交流表达自己的兴趣和关注；当你希望对方停止某个话题时，你可以通过眼神传递自己的不耐烦或反感。这种眼神引导可以让对方更加敏感地捕捉到你的需求和态度，从而更加配合你的交流。

晚清重臣曾国藩以卓越的用人眼光著称，他曾提拔左宗棠、李鸿章等杰出人物。有一天，李鸿章带着三人前来，请求曾国藩给予他们差遣。当时，曾国藩刚吃完饭，正准备散步。他有饭后缓行三千步的习惯，那三人便在一旁静静地等待。散步结束后，李鸿章请求曾国藩接见那三人，曾国藩却婉言拒绝了。李鸿章惊讶不已，曾国藩解释道：

"在散步时，我已经观察了那三人。第一个低头不敢仰视，显得忠厚老实，适合安排保守的工作；第二个喜欢虚饰，在人前表现得恭敬有礼，但我一转身，他便左顾右盼，显然阳奉阴违，不可任用；第三个双目有神，始终挺立不动，他的功名成就将不在你我之下，可委以重任。"

果然，那三人的发展如曾国藩所料，其中第三个被曾国藩看中的人正是后来开发台湾有功的刘铭传。这三千步的缓行不过短短一小时的光景，却决定了三个人的命运。或许有人会觉得曾国藩的判断过于绝对，但事实上，一个人的品性往往可以在极短的时间内从他细微的形态动作中窥见端倪。曾国藩的高明之处在于，他在缓步的过程中不动声色地观察了三个人，进行了一场未曾事先通知的"考试"。因此，三个人的表现都发乎本性，无法伪装。

曾国藩曾言："一身精神，具乎两目；一身骨相，具乎面部。"也就是说，一个人的精神主要反映在他的眼睛里，一个人的骨相主要集中在他的面孔上。古代文人重视神韵，认为眼睛要深邃，要有洞察力，才能长久安宁。中国古代相学认为，从眼神可以看出一个人的命运。一般而言，遇到大事时，眼神安定，瞳孔小而聚焦，"泰山崩于前而色不变，麋鹿兴于左而目不瞬"的人往往是"大将之才"。反之，遇事特别容易慌乱紧张，像小老鼠一样东张西望的人，很可能见识、底蕴不足，即使抓住机会也可能失去。

眼睛是心灵的窗户与情感的镜子。通过眼神，我们可以传递自信、建立信任、引导对话，并在极短的时间内洞察他人的品性。无论是古代哲人的智慧，还是现代科学的发现，都一致强调了眼神在人际交往中的核心地位。我们应学会用真诚的眼神表达自己、理解他人，从而建立更加和谐、深厚的人际关系。

⊃ 视线交流的"点对点"与"点对面"策略

视线交流在人际交往中扮演着至关重要的角色，它可以分为"点对点"和"点对面"两种策略。在一对一的对话中，"点对点"的视线交流显得尤为重要。为保持适当的视线接触，"3秒法则"是一个简单有效的指导原则：每次注视对方的眼睛3~5秒，既能传达你的专注和尊重，又不会让对方感到不适。过短的注视（如一瞥即逝）可能会显得随意或不自信，而过长的注视（如超过10秒）则可能让人产生压迫感。

"点对面"的视线交流策略是指在场有两位或两位以上交流对象时，应扫视全场，与所有人目光接触，并配以微笑及得体的点头示意。多人交流时，切忌只看一人。我见过有些人在多人场合会"捧高压低"——只盯着关键利益人，而忽略旁边的人。"点对面"交流时，应避免飘忽不定或闪烁的眼神，或面无表情，或突然改变注视的角度及部位，这些都显得不自信。

我们常说一个人要有"眼力"，实际上反映了一个人内心的自信程度。为了消除紧张，有些人可能会刻意深呼吸或不自觉地抖动。但这些小动作可能会破坏自我形象，表现出不自信和紧张。如果感到紧张，你可以尝试不易察觉地深呼吸，或双手用力交叉再打开，通过呼吸和肌肉的放松缓解紧张情绪。

一般而言，与人交谈时，视线接触对方脸部的时间应占全部谈话时间的 1/3 ~ 2/3。例如，整个交谈持续 1 小时，正常的视线交流时间为 20 ~ 40 分钟。如果对方的视线关注超过这个平均值，可能表示他们对你本人比对谈话内容更感兴趣；如果低于这个平均值，则可能表示他们对你不感兴趣。如果对方频繁看时间，表示谈话可以结束了。通过观察对方的视线变化，你可以及时调整自己的交流方式，确保沟通顺利进行。

眼神交流在不同的场景下有不同的技巧。

（1）职场中的眼神交流技巧

在会议中，当同事发言时，你要通过眼神表达倾听的专注和尊重。你可以注视对方的眼睛或鼻尖，并给予适当的反馈，如点头、微笑等，避免目光游离或低头玩手机等不礼貌行为。

在职场中遇到领导或不熟悉的客户时，你可以用注目礼的方式表示问候和致敬。看见他人才能被看见，尊重他人才能被尊重。很多人在大公司工作，在电梯里、走廊上碰到大领导或客户时不知道怎么问候，那么可以用带有微微笑意的表情轻轻点头致意。

在面试过程中，适时进行眼神沟通，保持自然与舒适，注意视线接触的角度，与面试官保持在同一水平线上，既不要仰起下巴，也不要低着头，体现自信大方的精气神。在汇报过程中，应通过眼神与听众建立联系，在汇报的重点部分可以通过注视对方来加强信息的传递和记忆。汇报时应保持自信从容的姿态，通过眼神传递出对汇报内容的熟悉和自信。

（2）社交活动中的眼神交流技巧

社交用餐时，保持对每一位发言者的兴趣，仔细倾听谈话，不过度接话。如果宴会使用的是长桌，那么就餐过程中你只能和邻座的人交流。你可以在喝酒时微笑举杯，用友好的眼神示意距离比较远的人。在开餐前或结束后，和对方简单沟通一下更好。在不同的文化背景下，眼神交流的含义和方式可能有所不同。我们应尊重并理解他人的文化差异，避免因为误解而造成尴尬或冲突。

（3）公众演讲中的眼神管理

在重要场合，演讲者巧妙地利用眼神可以显著增强演讲的感染力，拉近与听众的距离。我们可以使用前视法、点视法和环视法管理眼神。

前视法是指演讲者的视线平直向前而弧形流转，立足听众席的中心线，弧形照顾两边，直到视线落在最后的听众头上。这种眼神运用方式能够让所有听众都感受到演讲者的关注，仿佛演讲者正在与他们每一个人进行对话。善意和热情的回应眼神有助于演讲者调整状态，迅速拢场。

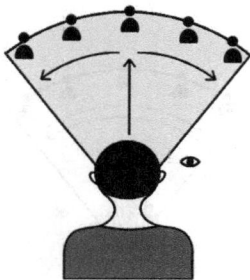

点视法是指演讲者具体看着某个人，有眼神交流。这个方法可以在特殊情感处理或听众出现不良反应时起到制止骚动、稳定情绪的作用。同时，通过眼神的聚焦，可以加深与特定听众的沟通。我在讲课时偶尔会用点视法控场，增强演讲的针对性和感染力。

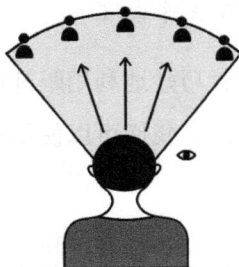

　　环视法是指演讲者有节奏或周期性地把视线从听众的左方扫到右方，从右方扫到左方，或从前排到后排，从后排到前排。演讲者使用环视法时，要注意视线的过渡和衔接，避免视线跳跃过于频繁或过于生硬；同时要保持头部摆动的幅度适中，不要过于夸张或过于拘谨。

　　总之，视线交流是一种强大的非语言沟通方式，它能够在不同的社交场合表达出尊重、自信和关注。通过掌握视线交流的技巧，我们可以在职场、社交活动和公众演讲中更好地与他人建立联系，提升沟通的效果。

⮑ 用三角注视法营造舒适的交流空间

我曾在一个图书展会上碰到一位作者，当我们坐下来交流时，他的眼神是越过我的肩膀看向后边的，显得有些空洞。这种眼神让我无法了解他在沟通中的真实想法。后来，我们的交流也就不了了之。

眼神的交流包括眼力、方向和时间。眼力反映一个人内心的自信，而适度的眼神接触则能表达尊重和专注。一般而言，正常的视线范围应集中在对方的三角区域——从眼睛到肩膀以上的部位。特别是与初次见面的人交流时，更应将注视范围缩小至对方的小三角区——从头顶到下巴之间。

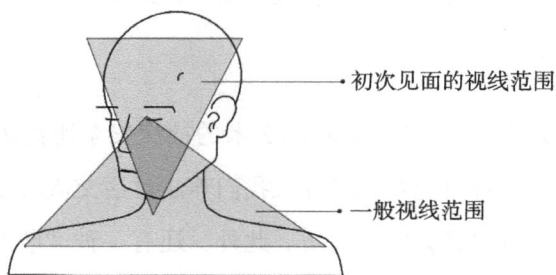

（图）初次见面的视线范围

（图）一般视线范围

注视眼神时要有边界感，切忌上下打量对方，这种局部的注视都是失礼的表现。特别是对于异性，注视某些"禁区"可能会引起对方的反感。有句话说得好："请不要用你的眼睛去抚摸别人的身体。"这提醒我们,即使是从背后扫视他人或异性,也应保持尊重。

注意眼睛不可上翻或下垂,眼珠转动得太快或过慢,眯眼、俯视、斜视、瞟视都显得对对方不屑一顾。当别人说错话时,也千万不要立刻把眼神移开。当然,眼睛看东西也不要直愣愣的,显得无知和愚痴、迷茫的状态。目中有人是一种修养。一个人对他人的尊重是否发自内心,可以从他(她)的品貌中表现出来。

在职场中,眼神交流尤为重要。几年前,我因为项目调研参加了一家公司的会议。当时,公司刚招聘了一位销售经理,他在回答领导的问题时总是低着头,眼神"斜视"(其实这是他的习惯性眼神动作)。后来,公司领导告诉我,他觉得这位销售经理太取巧,甚至懒得抬头正眼看人。结果,这位销售经理没过试用期就离开了。

一般来说,交谈时保持2~3米的社交安全距离为宜,这样能让眼睛充满自信地看着对方。我们养成对话交流时正视对方的良好习惯,自然就会信心大增。此外,还有一种"散点柔视法",即用间歇性的目光关注对方,目光停留一段时间后往其他地方转移,再转回来,这样比一直盯着看更自然亲切。

社交恐惧者经常无处安放自己的眼神,我在这里分享以下4种与人注视的方式。

- 正常凝视：适用于日常交流；注视的角度一般为平视，显得尊重与平等。

- 公务凝视：适用于洽谈业务、磋商交易和贸易谈判等正式场合。公务凝视制造严肃的气氛，让对方感到你是认真的。看向领导或长辈时，使用公务凝视可以显示对方的权威感和尊重感。

- 社交凝视：适用于茶话会、舞会等各种社交场合，营造轻松愉快的氛围，仿佛在说"嘿，我们是朋友"。这种注视方式能够让对方感到亲切和友好。

- 亲密凝视：适用于亲人、爱人之间的亲密互动。在这种情况下，注视的范围可以扩展到胸部以下的下三角区，表达深厚的情感和亲密的关系。但在非亲密关系中，我们应避免使用这种方式，以免引起误解。

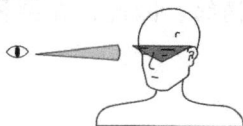

1. 正常凝视

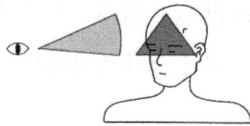

2. 公务凝视

3. 社交凝视

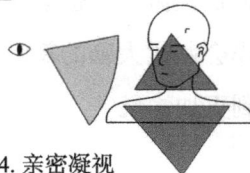

4. 亲密凝视

眼神交流是一门艺术，正确运用三角注视法，能够帮助我们在不同的场合更好地与他人沟通，展现自信与尊重。无论是在职场，还是在社交生活中，掌握好眼神的力度、方向和时间，都能让我们在人际交往中更加得心应手，赢得他人的信任与好感。

⊃ 高兴才笑，还是笑才高兴

高兴使人发笑，还是发笑会让人高兴？这个问题一直困扰着许多人。有人认为，只有感到高兴时才会微笑，而有人则认为微笑本身就具有促进情绪的作用。

有研究表明，微笑不仅可以传递高兴的情绪，而且可以主动调节人的情绪状态。人们在面对困难或挫折时如果能够微笑，就会释放大脑中的多巴胺和内啡肽等快乐激素，从而减轻焦虑和压力，帮助自己重新获得平静和积极的情绪。因此，在某种程度上，笑了才会让人感到更加高兴。

有一种面部肌肉反馈理论认为，当我们强迫自己的肌肉组合出某种情绪时，过一会儿，我们也能真实体会到同样的情绪。即使是强迫性微笑，也会让人感到更加愉快和放松。这是因为微笑的动作会刺激大脑的额叶皮层，促使身体释放快乐激素，从而让人感到更加愉悦。

一位抑郁症患者在医生的建议下开始每天练习微笑。起初，他只是机械地微笑。但经过一段时间的练习后，他渐渐发现自己真的开始感到快乐。最后，微笑不仅改善了他的心理健康，还增强了他的免疫力。

我们在感到很紧张时，有一个小方法可以缓解紧张情绪，就是先放松自己的面部肌肉，使自己的嘴角微微上翘，不发出笑声，不露出牙齿。这种浅浅的微笑就可以让自己放松下来。总之，我们对自己的面部要有控制力和感受力。

总的来说，微笑与情绪之间存在着双向的影响关系。有时候，是因为高兴才会微笑，表达内心真实的情感；也有时候，笑了才能够让自己感到更加快乐，微笑本身具有调节情绪的作用。

有些人说，自己真的笑不出来；有时候场合所迫，自己只能给一个礼貌而不失尴尬的假笑。真笑与假笑，这一对看似简单的表情，实则蕴含着丰富的社交心理学意义。它们不仅是面部肌肉的不同运动方式，还是人际交往中真诚与虚伪的直接体现。

从生理角度看，当我们笑起来，尤其大笑时，脸上的两块肌肉——颧骨大肌和眼轮匝肌会产生明显的收缩和运动，就是我们经常说的"眉开眼笑"。假笑时，这两个地方的肌肉收缩就不那么明显。缺乏眼部周围肌肉的充分参与，让人感觉是皮笑肉不笑。

　　以前，我在职场中碰到其他部门的一位女领导，每次当她向大家问好时，大家都觉得有点奇怪。后来，我明白了，她每次问好只是嘴角轻微上扬，脸部肌肉尤其眼部周围的肌肉是不动的，也就是象征性的假笑问候。随着时间的推移，我们逐渐意识到，这种微笑并没有传递真正的友好与温暖，反而让人感到一丝距离。

　　明白了微笑与情绪的相互影响后，我们不难发现，在社交中真诚的微笑至关重要。而真笑与假笑的区别正是判断微笑是否真诚的重要依据。真笑会比假笑多出 10% 的运动量，这也是有些人会害怕产生眼尾纹而不敢大笑的原因。然而，真正发自内心的快乐会散发出独特的魅力。著名喜剧演员、导演贾玲不管在舞台上，还是在生活中，都常常展现出温暖、亲切的笑容，给人带来欢乐和安慰。她也因此收获了超高的人气。

　　微笑可以缓缓打开，但不能突然中止，否则会让人觉得假。你有没有遇到过，在一些服务或销售场合，刚开始时对方对你很热情，一旦你没有购买或成交意向，对方脸上的笑容就渐渐消失了，甚至戛然而止。这种也是假笑。

　　从社交心理学来说，真笑和假笑的区别即是否在交往过程中以完全平等的态度对待对方，尊重对方的感情、人格和自尊心。真实待人，那你的微笑便是自然的、真诚的、美丽的，具有强大的感染力和影响力。相反，假笑则容易让人感到不安。它可能源于对社交规则的机械遵循，或者对某种利益的刻意追求。无论你的嘴角幅度多么完美，多么职业化，但是对方能敏锐感知到背后的虚伪和冷漠。

法国医生迪香发现，当一个人的三块肌肉同时活动——嘴角肌上扬、颧骨肌上提、眼角肌收缩，就会产生一种特别有感染力的微笑。这种微笑也被称为迪香式微笑。当你产生这种微笑时，你很开心；当你看见别人发出这种微笑时，你也很开心。了解了真笑与假笑的本质区别后，我们就能更好地把握微笑的真谛，进而在不同的社交场合运用恰当的微笑策略，发挥微笑的最大价值。

因此，无论是在高兴时微笑，还是在不那么开心时故意微笑，都可以帮助人们提升情绪，使自己更加愉悦和积极。在实际生活中，我们可以通过微笑改善自己的情绪状态，让自己更加快乐和幸福。笑一个吧，也许你会发现笑了之后，自己真的变得更加开心了。

➲ 微笑是最温暖的客户体验

有一个真实的案例。飞机起飞前，一位乘客请求空姐给他倒一杯水吃药。空姐很有礼貌地回答："先生，为了您的安全，请稍等片刻，等飞机进入平稳飞行后，我会立刻把水给您送过来，好吗？"15 分钟后，飞机早已进入了平稳飞行的状态。

突然，乘客服务铃急促地响了起来，空姐猛然意识到：糟了，由于太忙，自己忘记给那位乘客倒水！空姐来到客舱，看见按响服务铃的果然是刚才那位乘客。她小心翼翼地把水送到那位乘客跟前，面带微笑地说："先生，实在对不起！由于我的疏忽，延误了您吃药的时间，我感到非常抱歉。"这位乘客抬起左手，指着手表说道："怎么回事，有你这样服务的吗？"

空姐手里端着水，心里感到很委屈。可是，无论她怎样解释，这位乘客都不肯原谅她的疏忽。在接下来的飞行途中，为了补偿自己的过失，空姐每次去客舱给乘客服务时都会特意走到那位乘客面前，微笑着询问他是否需要水或其他帮助。

然而，那位乘客余怒未消，摆出一副不合作的样子，并不理会空姐。但是，到目的地后，空姐却惊奇地发现，那位乘客在留言本上写的并不是投诉信，而是一封热情洋溢的表扬信。是什么使这位挑剔的乘客最终放弃了投诉呢？

空姐在信中读到这样一句话："在整个过程中，您表现出的真诚的歉意，特别是您的 12 次微笑深深打动了我，使我最终决定将投诉信写成表扬信！您的服务质量很高，下次如果有机会，我还将乘坐你们的这趟航班！"

　　微笑能迅速拉近彼此的关系，是人与人之间物美价廉的一个润滑剂。在现代商业中，微笑服务已司空见惯。那么，微笑服务是怎么来的呢？

　　当希尔顿先生的资产从几千美元增值到几千万美元时，他兴高采烈地跟母亲讲他的酒店业发展。母亲就向他提出，有没有一种方法既能够不花钱，又能简单有效且持久地让客户一直来他的酒店呢？

　　后来，希尔顿先生自己作为顾客、消费者去体验，终于找到了一种方式，那就是微笑服务。希尔顿先生要求每位员工都必须面带微笑。在 20 世纪 20 年代的经济萧条期，大家对不确定的未来充满了疑惑与沮丧。但是，来到希尔顿酒店的客人一进大堂，就能看到脸上带着笑容的员工。不管走到哪里，无论是前台、餐厅还是客房，客户能看到所有员工都是带着笑容的。

　　因为希尔顿先生善于管理和用人，并且充满人性关怀，所以每位员工都是发自内心地微笑，这给了客户很大的信心。经济萧条期过后，希尔顿成为发展最迅速的酒店之一。

　　常言道，"诚招天下客，客从笑中来。笑脸增友谊，微笑出效益"。微笑服务是一种粘合剂和增效剂。

- 销售中的"微笑效应"——销售人员被教导在与客户互动时

保持微笑，增加顾客的信任感，卖出更多的产品。

- 医疗领域的"微笑治愈"——医生和护士的微笑能减轻病人的疼痛和焦虑，对病人的恢复有着积极的影响，提高病人治疗的满意度。
- 教育中的"微笑教学"——教师的微笑对学生的学习成绩有积极的影响。微笑的教师能够创造更积极的学习环境，提高学生的学习动力。
- 公共政务服务中的"微笑服务"——微笑会让来访者感受到尊重，提高了办事效率，增进了沟通交流的成效。

在当今社会中，随着服务升级，需要提供的服务不只是功能性服务、程序化服务，还有人性化服务，要满足消费者的情绪价值。分享一个放松心情的小口诀：愉悦心情，调整呼吸；眉目舒展，嘴角翘起；露出牙齿，面带笑意；笑由心生，悦人悦己。

⮑ 微笑的社交策略

微笑是社交中的万能钥匙，它不仅能拉近人与人之间的距离，还能表达积极的情感和自信。

（1）主动地微笑

我经常在商务场合见到很多人面无表情，尤其是刚开始接洽或谈判时。其实，这时更要放松自己的表情。在社交场合中，主动向他人微笑、示好不是讨好，而是更自信地表达，传递正能量。无论是迎接朋友，还是初次见面，微笑都是拉近关系、缓解气氛的钥匙。例如，我每次登机看到空姐的笑容，就觉得特别温暖。

微笑不只是表情，更是热情。在参加社交活动前，你可以想象自己在不同场合的微笑表现。例如，在会议、聚会或相亲时，预演微笑的时机和方式。这种"心理彩排"可以帮助你在真实场合更加自如地微笑。记住，真诚的微笑是从眼睛开始的，练习时要让眼睛也充满光芒。

（2）适时地微笑

在对话中，适时地微笑能够展示你对对方的关注和理解。当对方分享自己的故事或情感时，你的微笑能够让他们感受到被重视，从而更愿意深入地交流。反之，当对方在诉说自己的不愉快经历时，你不合时宜地笑起来，甚至笑出声，就会让对方感受到莫名其妙和不被尊重。

不同的社交场合需要不同强度的微笑。在家庭聚会中，你可以更加放松、亲切地微笑；在职场环境中，你可以选择轻度的微笑，在专业与友好之间做出平衡；在轻松的社交聚会中，你可以展现出具有热情和幽默感的微笑。

（3）适度地微笑

笑容有很多种。有些人喜欢抿嘴笑，笑不露齿；有些人喜欢开怀大笑，看起来没心没肺。有些人笑起来显得害羞。例如，演员肖战的笑容温柔而羞涩。有些人笑起来则显得大气优雅。例如，演员高圆圆在不笑时可能显得面无表情，一旦露出灿烂的笑容，就能瞬间治愈人心。

一般而言，每个人的笑容都会有最美的幅度。你可以打开手机中的原相机，自拍两张对比一下，就会发现不同。你可以找到最适合自己的那个自然、温暖的笑容。微笑时应注意身体语言，保持开放的姿态。例如，双手自然放松，身体稍微前倾，表现出你对交流的兴趣和专注；注视对方的眼睛，建立眼神交流，让对方感受到你的真诚和亲近。

最后，在生活中多做一些微笑的练习。

- 每天拿起手机多自拍，给自己一个笑脸。
- 多跟喜欢微笑的人在一起。
- 多做感恩练习，内心的富足会让你的笑容更加温暖。
- 培养自己的幽默感，保持积极的心态。

改变心情只要一分钟，而这一分钟可以改变一整天。微笑吧！

行动小贴士

请用夸张的口型念下面这首诗。

江畔独步寻花·其六

杜甫

黄四娘家花满蹊，
千朵万朵压枝低；
留连戏蝶时时舞，
自在娇莺恰恰啼。

这一组发音可以充分练习到口轮匝肌与面部的颊肌、额肌、三角肌、下唇方肌、颧肌、笑肌、上唇方肌、口角提肌等共同组成人体下面部的表情肌。动动肌肉，让我们放松表情，放松心情吧！

第 **6** 章

身体语言密码：

掌握无声语言，赢得社交优势

在与人交往过程中如何了解对方的真实想法呢？本章将揭示视觉、听觉和语言在沟通中的重要作用，全方位提升社交表现力，帮助你在各种场合更加自信地表达自己；教你通过观察对方的身体语言洞察他人的真实情感，准确解读他人的无声信息，避免被表面的言辞迷惑。此外，你将学到通过微妙的模仿建立更深的情感连接，增强对方对你的信任感。

举手投足间的细节展现出优雅与魅力，站坐走姿的规范塑造端庄自信的形象。掌握这些礼仪，你将能够在人际交往中更加敏锐地捕捉到他人的内心世界，同时也能更好地展现自己的修养和风度，从而在各种社交场合游刃有余，赢得更多的信任与支持。

◔ 身体语言的 3V 理论：全方位提升社交表现力

身体语言的 3V 理论是由美国加州大学社会心理学家梅拉宾

博士在 1971 年提出的，也叫"梅拉宾法则"。该理论将沟通中的影响因素分为三个方面：Visual（视觉）、Vocal（听觉）和 Verbal（语言），三者首字母缩写为 3V。其中，与身体语言直接相关的是 Visual（视觉）部分。

（1）Visual（视觉）

Visual（视觉）主要指身体语言，包括站姿、坐姿、手势、眼神及面部表情等。视觉信息在沟通中占据着极其重要的地位。根据梅拉宾博士的研究，视觉元素在沟通中对对方的影响最大，尤其适用于初次见面和面对面的交流。例如，微笑、皱眉、眼神交流等都能传递情感状态和态度，增强或削弱语言信息的效果。自信的姿态和友好的表情可以瞬间拉近人与人之间的距离，而冷漠的眼神或紧闭的双臂则可能让人感到疏远。

（2）Vocal（听觉）

Vocal（听觉）主要指声音方面的要素，如语速、语调、语气、停顿及声线变化。但是，它在一定程度上也与身体语言相关，因为声音是通过身体（特别是声带）产生的。在沟通中，声音能够传递情绪、态度和个性等信息。柔和的语调可以传达关心和温暖，高亢的音量可能表示愤怒或兴奋。语气、音调、节奏、音量、语速等元素都传递着正面或负面的信息。

古人说，"上相听声"，即通过声音可以判断现在的身体状况、运气好坏、心情起伏等。声音不只是声带的振动，还是心、气、神三者相互影响而成。婴儿啼哭整夜也不会声音沙哑，但一般人说话几个小时就会干哑，主要原因有两方面：一方面，婴儿的发声部位是丹田，大人的发声部位是咽喉；另一方面，婴儿的神气足，大人的神气不足。因此，从声音也可以了解一个人的神气是否充足。

在《红楼梦》中，林黛玉初到贾府时，王熙凤那"人未至，声先闻"的银铃般清脆招呼声瞬间吸引了众人的目光，这便是"先声夺人"的经典场景。声音确实有独特的魅力，它能直接触动人心。有时，我们甚至因为一个人的声音而对其产生好感，仿佛那声音中蕴含着某种无形的魔力。

我记得有一次出差乘机，机舱里突然响起了一段悦耳的男中音，那是飞行员在播报欢迎词。他那字正腔圆的普通话既专业又温暖，每一个音节都像经过精心雕琢，让人感到无比舒适。更令人赞叹的是他还能流利地切换成英文，同样保持了那份优雅与自信。那一刻，我沉浸在那充满磁性的声音中，机舱里的旅客也安静了很多。我相信，尽管从未见过他的面容，但仅凭那一番话，听众就已经对他充满了好感和信任。

我们或许不能拥有天生的好嗓子，但我们可以通过练习改善自己的声音特质。例如，通过调整语速、控制音量、变换语调等方式让自己的声音更加动听。同时，保持真诚的态度和积极的情绪也非常重要，因为这些都会通过声音自然地传给对方。当你的声音充满了热情和关怀时，它就会像磁铁一样吸引周围的人靠近你，愿意倾听你的故事，分享自己的感受。总之，声音是一种无形的力量，善于运用它，便能在人际交往中赢得更多的友谊和支持。

（3）Verbal（语言）

Verbal（语言）包括遣词造句、使用的具体言词等，它能够清晰地传达思想和信息。同时，语言也是表达个性和情感的重要媒介，在沟通中发挥着至关重要的作用。

神经语言程序学（NLP）研究表明，人们处理外界信息有三种方式——视觉型、听觉型和触觉型。如果对方是视觉型，你可以用"我能看得懂你的意思""我能看到画面"或"我理解你的视角"这样的词句与他沟通。如果和听觉型的人沟通，你可以说"我听到了你说的""这听起来不错"。在和触觉型的人对话时，你可以说"好的，我抓到了你的想法"或"我掌握了你的意思"。总之，了解对方的方式，用对方喜欢的方式和对方沟通，将会大大提升沟通的效果。

身体语言的 3V 理论是一个综合性的沟通模型，它强调了视觉（身体语言）、听觉（声音）和语言在沟通中的重要作用。根据梅拉宾的研究，视觉占比 55%，听觉占比 38%，语言占比 7%。当然，这不是绝对数据。根据对象和场合的不同，每个要素的影响力也会有所差异。例如，在重大会议的领导人发言汇报中，身体语言的影响很小，此时最重要的是报告的内容、遣词造句——新的政策和发展的解读。因此，梅拉宾法则更适用于表达感觉或态度的场景。

要真正实现全方位的社交表现力提升，关键在于确保所有的非语言信号都支持你的话语。如果语言上说"很高兴见到你"，但身体却往后退缩，这会给对方传递矛盾的信息。因此，要注意三种要素的配合，确保它们相互支持，共同促进沟通的效果。通过不断练习和调整，我们可以逐渐培养出更加敏锐的社交感知力，成为更加出色的沟通者。

● 透过身体语言准确解读他人的无声信息

人类通过对话进行沟通是在 200 万年至 50 万年前。而在此前漫长的岁月里，肢体语言与咽喉部位发出的简单表达一直是人类传递情感和情绪信息的主要方式。直到现在，肢体语言仍然能发挥作用。

一个人可以轻易地控制语言，用语言欺骗别人，但很难控制身体语言（包括肢体语言和表情等）。身体语言是一个人潜意识的举动，除非经过专业训练，一般人很难将其控制，所以不容易伪装和欺骗。

著名心理学家弗洛伊德就曾经遇到过一位女性来访者，这位来访者告诉他，婚姻生活十分幸福。但在谈话中，这位来访者却不断地将她的结婚戒指取下，然后戴上。这个无意识的细小动作表达了这位来访者对婚姻的真实想法。后来，弗洛伊德果然听说这位来访者的婚姻出现了问题。

话语的作用是传递信息，而身体语言在人与人之间思想的沟通和谈判中往往传递个人真实的情感或情绪。例如，我们在与人交谈时，如果对方感受到威胁、恐惧、害怕或处于防御状态，他会双臂环抱、紧扣上衣，或摆出双腿交叉的姿势，或两种姿势同时进行。如果他谈着谈着就松开了双臂，那么我们可以判断或推断对方敞开了心扉。手指敲桌子或一直在弹动，或咬手指，都是焦虑紧张的表现。

在面试官面试求职者的过程中，语言交流只占 30% 左右，其他交流包括眼神交流和面试者的气质、形象、肢体语言会占绝大部分。所以，学会正确使用身体语言，避免产生误会，这是非常重要且必须的。一般情况下，喜悦和欢乐表现在脚上，紧张和恐惧表现在手上，拒绝或接受表现在身上。

心理学研究表明，眼睛向左看表示回忆，而回忆一般是事实，可信度高；眼睛向右看表示在思考怎么回答。在交谈或审讯的过程中，如果一个人的眼睛向左看的时间占到 70% ~ 80%，表示他在回忆，说的是真话；反之，对方很可能在说谎。

如果对方双手打开，十指指尖相抵，手心是空的，这是一个能量比较高的手势。这种尖塔式手势代表了自信、胸有成竹的感觉。如果在谈判过程中，对方使用这样的手势，那么很可能他占有优势或很自信，你也可以借用这种手势让自己看起来更强势、更有力量。

我们在和客户喝茶时，一般是将茶杯放在客户的右手边，因为人习惯用右手拿东西。如果客户喝完茶后，把茶杯放在自己的左手边，那么可能代表客户在潜意识里和我们是有距离的，因为他无意识地在身体的前方做了一个斜放的遮挡动作。

手放下巴代表思考，这时我们说话的语速可以放慢，给予对方更多的思考时间。如果对方将手放下巴处摩擦或抚摸，很可能他有说话的欲望或有自己的结论没表达出来。这时我们可以递一份资料、一支笔或一杯水给他，他的手放下来，身体完全打开，或许会愿意主动表达。

手放在口袋，显得随意、不尊重。不过，这也取决于另一个肢体语言——是否挺起胸膛。人越是在灰心落魄时，越要挺起胸膛，昂首阔步，这样自信便能油然而生。我曾见过一位企业家在演讲时，一只手拿着话筒，另一只手放在口袋里。虽然这个动作看起来随意，但实际上他挺起了胸膛，保持了良好的姿态，给人一种自信洒脱的印象。挺起胸膛等同于敞开心扉，会营造出一种开放的氛围。这种姿势不仅不会显得不尊重，反而增强了他的个人魅力。相反，如果一个人双手交叉放于身体后面，或者双脚交叉站立，往往会给人留下封闭、不友好的印象。

双手放在桌子下面会显得消极，有可能与对方拉开距离，彼此难以坦诚相待。有一个成语叫“眼见为实”——看不到的东西往往令人感到不安。对面而坐，如果看不到双手，不利于促进双方的关系。当我们坐在椅子上交流时，身体前倾，肘关节到指尖的 2/3 部分放在桌子上，会显得更有亲和力。

脚离身体最远，却最真实。脚的指向往往是心的真正走向。

例如，当你和对方站立交谈时，对方身体面向你，脚尖也是朝向你的，说明对方对你的认可或认同。相反，如果对方身体朝向你，而脚尖朝外，说明他很可能想走了。

抿嘴往往代表不满、焦虑。当然，有些人可能习惯在思考、聆听或表达意见时抿嘴，某些刺激如干燥的空气或嘴唇的不适感也可能导致人们不自觉地抿嘴。因此，对身体语言的判断要考虑更多的情境，尤其对被观察者的了解程度，不同的文化背景也可能影响对抿嘴行为的解读。

科学研究表明，人类除了语言，还能使用 70 万种以上的信号互相交流意识。这些无声的信息不仅包括肢体语言，还包括面部表情、声音语调、呼吸频率等。通常情况下，我们在传递信息时会有思考、情绪体验的部分，这部分才是更有影响力的。事实上，我们留给对方的印象，90% 与此相关。一个人的行为举止应该是他的道德意识、思想观点、文化水平的反映，人格有高下之分，行为也有美丑之别，美好优雅的行为常常是高尚人格的写照。有句话说得好，"性格写在唇边，幸福露在眼角。理性感性寄于声线，真诚虚伪映在瞳仁。站姿看出才华气度，步态可见自我认知。表情里有近来心境，眉宇间是过往岁月。"我相信，这些无声的信息能帮助你更好地识人观相，了解他人，赢得社交优势。

⮕ 模仿是一种高度的尊重：建立良好的互动关系

早在 1992 年，科学家就在人类大脑中找到了最原始的学习神经机制——镜像神经元，即人类像照镜子一样映射出其他个体的动作、情绪和意图，从而在大脑中形成一种内部模仿机制。更有研究报告指出， 3 岁前每个月被打一次的孩子，到 5 岁时动手打人的概率比没有被打过的孩子高 2 倍。

有一个最简单、很生活化的例子。女生在哭的时候，她如果把自己关在一个黑屋里，就会越哭越来劲。但是，如果她站在镜子前哭，就哭不出来。因为当她看到自己在哭的时候，这个行为本身就在抑制她现在的这种状态，避免了这种状态进入极端化。

镜像神经元沟通法是一种通过模仿、共鸣与镜像反射促进深层次理解与连接的沟通方式。它基于神经科学的研究发现，人们在观察到他人的行为或情绪时，自身的镜像神经元会被激活，从而模拟对方的情感状态或意图，增强共情与沟通能力。镜像沟通有三种：形象镜像、动作镜像及表达镜像。

（1）形象镜像

形象镜像即在视觉形象上感觉我们是统一着装品位和类型的。就像很多企业的统一工装也是企业形象的一部分，具有认同感。因此，在商务或社交场合，我们可以通过调整着装、发型、配饰等外在形象元素模仿或呼应对方的风格。当然，我们不需要完全相同的装扮（女士在公众场合忌讳撞衫），更多是在风格、色彩、质感等方面讲究适度和自然，在保持个性的基础上寻求共鸣和相似性。试想，对方西装革履，你穿着休闲，就难免会有距离感。我们喜欢与自己相似的人，不管相似之处是在观点、个性、背景上，还是在生活方式上。

有一项实验是在 20 世纪 70 年代初做的，当时的年轻人要么做"嬉皮"打扮，要么做"传统"打扮。实验人员便分别穿成这两种样子，在校园里找大学生要一角钱打电话。实验者跟学生的打扮一样，这个要求得以满足的概率在 2/3，而当两者穿着风格不同时，学生掏钱的概率不到一半。

另一个实验则表明，我们会下意识地向跟自己相似的人做出正面反应。比如参加反战示威游行的人更愿意签署跟自己穿着类似的人递过来的请愿书。[1]

（2）动作镜像

动作镜像即在适当的情况下轻微模仿对方的动作和姿势，根据对方的反应灵活调整自己的动作和沟通方式。例如，当你刚开始与对方交谈时，身体自然前倾，表达关注和认真。一旦对方开

---

[1]　引自罗伯特·西奥迪尼的著作《影响力》。

始放松了，甚至跷起二郎腿，那么过一段时间，你的身体也可以跟着往后靠，腿叠起来，精神松散下来。我们经常可以看到茶桌上有一个人拿起茶杯，过一阵在座的其他人也会拿起茶杯，这便是动作镜像。

有时候，我们的动作镜像是无意识的，发生时对方都没有意识到。但潜意识深处会传递这个信号——我们开始紧密联系，步调一致。这种一致感会让对方趋于信任。

（3）表达镜像

其实，表达镜像在我们生活中经常见到。例如，你对朋友说："啊，这个景色太壮观了！"对方会这么附和说："是的，感觉好壮观。"通过这个简短的对话就可以理解这种表达镜像的认同感。

表达镜像要注意对方的语气、语速、情感表达和非语言信号，如面部表情和肢体语言。对方是慢条斯理的人，你就放慢自己的语速和节奏。对方说话快，你的语速就可以稍快一点。对方是感性的人，那么你就可以多融入一些情绪性的语言表述。反之，对方是理性的人，说话简洁明了，那么你就不说废话，不啰嗦，必要时可以加入一些客观数据，以显得更加客观理性。你可以在与他人交往之前训练自己的表达能力。例如，找一个单独的空间，大声说出你的自我介绍，这种实际的练习会增强你的信心。此外，你还应关注自己的语速，语速本身就能暗示一种情绪。例如，当你特别强调某个观点时，你就可以放慢语速。

模仿并不是一种简单的复制行为，它是一种高度的尊重和认同。通过镜像神经元的作用，我们能够在潜意识中与他人建立深层次的情感连接，增强共情和信任感。无论是形象镜像、动作镜像，还是表达镜像，都可以帮助我们在社交场合更好地与他人互动，建立良好的人际关系。总之，通过模仿，我们不仅表达了对对方的尊重，还为自己赢得了更多的机会和支持。

⊃ 手部社交礼仪：举手投足彰显魅力

在商业场合，我常常观察到很多人在指人、指事、指物时习惯用手指。但是，手指语与手掌语带来的感受往往大不相同。

食指在人际关系中往往带有挑衅或压迫的意味，成语中的"指指点点""指桑骂槐""指鹿为马"无一不是贬义词。食指指

向他人时，容易让人感到被指责或批评。因此，我们在正式场合应尽量避免使用食指直接指人或指物。相反，手掌语则显得更加友好和尊重。当五指并拢，掌心自然朝上，面向对方时，仿佛是将对方捧在手中，给人一种被重视的感觉。

手掌语不仅是表达尊重的方式，还能传递温暖和关怀。在服务界，手势是最职业的服务表达。国际上，右手被称为"礼貌手""社交手""服务手"。因此，在国际礼仪和国际交往中，一般都是伸出右手。双手递是大礼，右手递是小礼，左手递是失礼，没手递是无礼。有一次，我在商场要去洗手间，没看到标识，就去问一家服装店的柜员。只见对方用下巴指了指方向，都懒得伸手指示。双手递送物品不仅表达了尊重，还传递了真诚。在双手递送物品的同时，上身前倾，轻拿轻放，并结合眼神交流，这些细节无不体现了一个人的素养。

除了指示方向，现代人最常见的碰面问好方式是握手。加拿大形象设计师凯伦·布朗杰曾说过，握手是陌生人的第一次身体接触，这5秒意味着经济效益！无论是与人初次碰面、告别，还是表达感谢，我们都会通过握手传递感情。与成功者握手，表示祝贺；与失败者握手，表示理解；与同盟者握手，表示期待；与对立者握手，表示和解；与悲伤者握手，表示慰问；与欢送者握手，表示告别。握手能迅速拉近人与人之间的距离。

有一天，俄国文豪屠格涅夫在镇上散步，路边一个乞丐伸手向他讨钱，他很想有所施予，往口袋掏钱时才知道没有带钱出来。见那乞丐的手举得高高的等着，屠格涅夫面有愧色，只好握着乞丐的手说："对不起，我忘了带钱出来。"乞丐笑了，含着泪说："不，我宁愿接受你的握手！"这个小小的动作传递了友善的力量。正如海伦·凯勒所说："我接触过的手，虽然无言，却极富表现性。有的人握手能拒人千里，而有些人的手则充满阳光，使你感到温暖。"

握手时最好起身，避免让桌子等障碍物阻挡其间。两个人的距离保持在 1 米左右，身体自然前倾，伸出右手，目视对方，面带微笑，简单寒暄。握手的力度最好与对方保持一致，对方轻，你就轻，对方握得重了，你就可以加大力度。同时，将何时结束握手的主动权交给对方。当对方放下手时，你就不再鞠躬或点头哈腰，以免显得过于客气或唯唯诺诺。

握手时，手要保持洁净，不能有汗、墨迹或污渍。冬天手比较冰冷时，你可以在伸手之前提醒对方："不好意思，手比较凉。"握手的幅度展示的是你的大方度、舒适度和自信度。有些人握手只是轻轻伸出手指头，蜻蜓点水般与他人握手，反而显得不够大方。在商界和政界，握手通常是满手握，即握到虎口位置。但在某些社交场合，女士可能会比较内敛害羞，握手时握住女士的指关节位置也是可以的。

手势由进行速度、活动范围和空间轨迹三部分构成。在人际交往中，手势主要发挥表示形象和传达感情的作用。例如，引导他人时应注意方位、速度及体位。右手或左手抬至一定高度，五指并拢，掌心向上，以肘部为轴，朝一定方向伸出手臂。告别时，手臂抬到胸前的位置，五指并拢，轻轻挥手。手臂的高度往往代表热情度。我建议社交时手势要干脆利落，不要拖泥带水，否则会显得不够分量。

在日常生活中，主动积极地伸手指引方向、介绍他人；一起用餐时，在落座前帮他人把椅子往外拉；推开商场或酒店的旋转门时回头看一眼，以免撞到后面的人……这些细节都能在不经意间展现一个人的修养和风度。

细节决定成败。一个小小的动作如果做得好，可能不会立刻带来显著的效果；但如果做得不好，对方马上就能感受到。手部社交礼仪不只是简单的动作，它还是一种无声的语言，能够表达丰富的情感和信息。学会运用正确的手势和握手礼仪，我们可以在商务场合、社交聚会和个人生活中建立更好的互动关系，赢得他人的尊重和信任。

⊃ 站坐走姿规范：塑造端庄自信形象

商业社会已经形成了一整套包括身体的姿势、动作和面部表情在内的行为举止规范。这些规范不仅体现了个人的修养和气质，而且直接影响着他人对你的第一印象和信任感。

坐姿的原则是"坐如钟"，给人端正、大方、自然、稳重之感。入座时要轻、稳，而不是慌慌张张。坐下来后，身体应保持挺直，形成3个直角：上半身与大腿成直角，大腿与小腿成直角，小腿与地面成直角。这种坐姿不仅显得稳重大方，还能让你在交谈中更加自信和从容。

坐的椅子面积大小取决于你想要表达的状态。如果你想松

懈、休闲，就可以深坐椅子或坐满椅子；如果想要沉稳、严谨，则应坐椅子的一半或中间位置；如果想显示谦虚、恭敬，可以选择坐 1/3 浅座。总之，坐姿要稳当，避免频繁变换姿势，尤其不要跷二郎腿或抖腿。在对方看来，这些动作可能表现出紧张、焦虑或不耐烦。在正式场合，抖腿不仅显得轻浮，还可能让人觉得你不尊重自己。从心理学的角度看，抖腿也是一种内心不安的表现。因此，我们在平时要注意观察自己是否有这样的小动作，并有意识地纠正。

男女在体态上有一些重要的差异。女性在任何时候，无论是坐、站、行走还是蹲，双腿都应尽可能并拢，膝盖不分开，否则显得粗鲁。女士穿着尖头高跟鞋时，要注意不把鞋尖翘起来对着人。这不仅是礼貌问题，也是出于安全考虑。男士在坐姿上则可以稍微打开膝盖，比肩略窄，显得大气。这种姿态不仅展示了自信，还给人一种开放和包容的感觉。总的来说，体态语与个人的社会角色及所处情境相对应。个人修为越高，坐姿就会越显得四平八稳，体态语会越少。体态语的运用也是表明自尊与敬人之意。当你能够做到有足够的自信又不表现出优越感时，才是真正的"高手"。

走路的姿势是最能体现一个人能否有信心的体态语言。挺直的腰板、有弹性的步伐和自然摆动的手臂，通常被认为是自信、乐观和友善的象征。相反，弯腰驼背、步伐拖沓则容易给人留下缺乏自信和消极的印象。我建议走路时应保持身体挺拔，昂首挺胸，打开双肩，不要弯腰低头，走出一定的节奏感。

拿破仑的自信不仅体现在其卓越的政治和军事才能中，而且体现在其走路的姿势上。无论战况多么紧急，拿破仑总能保持抬头挺胸的姿态。这种走姿展现的自信和决断力，无疑增强了士兵们对他的信任。当你进入重要的场合或有人特别关注你时，你要保持与之前一样的行走速度和步伐大小。缺乏自信的人往往会在这时刻意改变步伐，迈着小步进去，这样就显得慌乱而不自然。

提升社交力的走姿调整策略如下。

- 贴墙站立：这是最简单且最有效的矫正方法。通过贴墙站立，可以迅速找到身体笔挺的感觉，改善耸肩、驼背和脖子前伸等问题。每次坚持 10 ~ 15 分钟，效果显著。
- 重心靠后：走路时有意让重心尽量往后压，这样身体的整个支撑点就移到了脚后跟，给人一种自信、可靠的感觉。
- 提胸而非挺胸：提胸能让人感觉有一口气也往上提着，看起来有精神，干练利索。而挺胸则可能给人一种做作的俗气感。
- 膝盖接触：在走路过程中，尽量让两膝盖接触，以防止身体左右摇晃，给人一种笨拙的感觉。有一个改善走姿的小秘诀，就是眼睛看向地面，前面有条延伸线，两脚尽量落在这条延伸线上。这样不仅能保持平衡，还能让步伐更加流畅。

- 控制胳膊肘摆动幅度：保证胳膊肘前后摆动幅度不要超过两肩的宽度，这样看起来身形更加苗条、优雅。手臂自然摆动，既能增加步伐的节奏感，又不会显得过于僵硬。
- 减小步幅，慢走：过大的步幅可能会显得急躁，而过快的步伐则容易让人感到不安。保持适中的步幅和速度，既能展示自信，又能让对方感到舒适。

个人的仪态充分表露了个人的思想、情感及对外界的反应，无论是有意识，还是无意识。在商业社会中，良好的体态礼仪不仅是个人修养的体现，而且是成功的关键之一。因此，学会运用体态礼仪，不仅能提升个人形象，而且能为我们的社交生活增添更多魅力和色彩。

行动小贴士

　　社交礼仪不仅是为了建立规范，更是为了让对方感到舒适，促进良好的互动关系。以下是一些在交谈中应避免的禁忌行为，能够帮助你更好地与他人沟通。

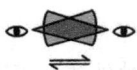

1. 缺乏眼神交流

2. 交叉双臂

3. 翻白眼

4. 打哈欠或看手表

5. 坐立不安或频繁变换姿势

6. 过于靠近对方

7. 指指点点

8. 皱眉或表情僵硬

9. 不适当的微笑

10. 模仿或嘲笑对方的肢体语言

11. 面无表情

12. 不回应对方的非言语信号

- **缺乏眼神交流**：这样可能会让人觉得你对交谈不感兴趣或不诚实。

- **交叉双臂**：这通常被解读为防御性或不友好的姿态。

- **翻白眼**：这是一种非常不礼貌的行为，表明你对对方的言语不屑一顾。

- 打哈欠或看手表：这些动作可能会被理解为不耐烦或希望交谈结束。
- 坐立不安或频繁变换姿势：这可能表明你感到不安或不耐烦。
- 过于靠近对方：侵犯他人的个人空间，可能会让他人感到不舒服。
- 指指点点：用指尖指向别人是一种攻击性的姿态。
- 皱眉或表情僵硬：这可能会给人一种不友好或不真诚的感觉。
- 不适当的微笑：在不适当的时候微笑，可能会让人觉得你不尊重或不理解谈话的严肃性。
- 模仿或嘲笑对方的肢体语言：这是一种侮辱性的行为，可能会让对方感到被嘲笑。
- 面无表情：在交谈中没有任何面部表情，可能会让人觉得你冷漠或对交谈不感兴趣。
- 不回应对方的非言语信号：例如，对方向后退，你仍然向他靠近，可能会让他感到不舒服。

第 **7** 章

初次见面艺术：

快速建立信任关系

你是否曾在社交场合感到紧张，甚至有轻微的社交恐惧？你不知道怎样介绍自己能给对方留下深刻印象？如何与人建立更深的信赖关系？在初次见面，面对陌生的面孔和未知的对话时，很多人都会有这样的困扰。

初次见面往往是决定人际关系走向的关键时刻，如何把握好这个关键时刻呢？本章介绍的 MTV 法则可以帮助你学会打造独特的个人标签，让你的自我介绍既简明又深刻。初次见面时，用交集故事破冰是拉近心灵距离的有效方法。分享一个共同的经历或兴趣点可以瞬间消除陌生感，让对话更加自然流畅。记住对方的名字同样至关重要，这是赢得他人好感的关键一步。当你能准确叫出对方的名字时，对方会感受到你的重视和尊重，从而更容易对你产生信任。

此外，本章还探讨了如何通过细化时间颗粒度提高社交效能，确保每一次交流都高效且有意义。麦肯锡的"四度"信任公式将教你筑牢信任根基。而深度链接的 BRAVE 原则为你提供了拓展人际关系网络的智慧之道，帮助你在复杂的社交环境中游刃有余。

最后，现代人特别重视边界感，空间管理是拿捏社交分寸与界限的艺术。经济学中的峰终定律提醒我们，如何在交往的重要节点留下美好的记忆。所有的良好关系都建立在信任上，所有的信任都建立在真实触点上。掌握这些技巧，你将在每一次与他人的初次见面中展现自信与魅力，迅速建立信任关系，赢得更多的人际资源与机会。

⊃ 社交恐惧：初次见面的紧张挑战

在现代社会，社交恐惧已经成为许多年轻人面临的共同挑战。中国社会科学院的一项调查显示，约有 40% 的年轻人表示在初次见面时会感到不同程度的紧张，甚至有 10% 的人承认自己患有严重的社交恐惧症。这种现象不仅影响了他们的日常生活，还阻碍了职业发展和人际关系的建立。

为什么会有这么多人感到社交恐惧呢？心理学家认为，社交恐惧的根源可以追溯到人类的进化历史。在远古时代，被群体接纳意味着生存的机会更大，而被群体排斥则可能意味着死亡。因此，人们对他人的眼光和评价天生敏感。现代社会的人虽然不再面临生死考验，但这种对他人评价的担忧依然深深植根于人的潜意识中。社交恐惧也与遗传、性格、思维方式、社会心理学因素、个人经历等都有很大的关系。社交恐惧的本质是个体无法接受自我不好的一面，无法做"真正的自己"，也不接纳不完美的自己。

对于许多年轻人来说，社交恐惧的表现形式多种多样。有些人在人群中不敢开口说话，担心说错话被人嘲笑；有些人在面对陌生人时会感到心跳加速、手心出汗，甚至出现忘词或结巴的情况；有些人在社交场合总是低着头，避免与他人发生眼神接触，仿佛自己是一个透明人。这些表现不仅让人感到痛苦，也严重影响了他们的人际交往能力。

为了帮助大家更好地应对初次见面的紧张挑战，下面从气场的角度分析问题。一个人的气场可以分为五个层次，每个层次都对应着不同的心理状态和行为表现。通过理解和提升这五个层次，你可以逐渐克服社交恐惧，展现更加自信的自我。

（1）胆——敢于站出来

"胆"是气场的第一层，指的是一个人是否敢于在众人面前站出来，表达自己的观点或展示自己的能力。这个层次更多取决于天生的性格特质。有些人天生胆大，能够在任何场合自如应对；而有些人则天生胆小，容易在人群中感到不安。然而，这并不意味着胆小的人就无法改变。事实上，许多成功人士都是从胆小开始，通过不断地努力和训练，逐渐培养了强大的勇气。

现代社会中，很多人不是不懂社交，而是懒得社交，更愿意独处。这样他们可能更自在，更少消耗能量。这种情况跟勇气和胆量没有关系，而是跟心力有关。

（2）形——外在形象的塑造

"形"是气场的第二层，指的是一个人的外在形象和气质。无论你的内在素养如何，外在形象往往决定了他人对你的第一印象。一个自信、优雅的形象能够让你在与人初次见面时更容易获得他人的认可和信任。因此，学会如何通过礼仪和仪态提升自己的气场是非常重要的。

不少职场新人在面试时都会感到紧张，担心自己表现不佳。但实际上，只要你注意一些基本的礼仪规范，例如，保持良好的坐姿、站姿，微笑着迎接面试官，适时进行眼神交流，就能给对方留下深刻的印象。

（3）脑——思维的速度与深度

"脑"是气场的第三层，指的是一个人的思维能力和反应速度。在社交场合，快速且准确的思维能够让你在对话中占据主动，赢得他人的尊重和欣赏。即使你的外表不够出众，但如果你能够用智慧和幽默化解尴尬，同样可以获得他人的喜爱。

有一次，我参加一个学习活动，碰到一个小姑娘。在自我介绍时，她说自己喜欢交朋友，可以"交红"——穿红色衣服的朋友，可以"交黄"——穿黄色衣服的朋友，不能"交绿"，说着就拍了拍穿绿色衣服的同伴。这时，大家异口同声地问："为什么啊？"她说："因为我们不要'焦虑'啊！"原来是谐音梗。大家顿时反应过来，被她逗乐了，也记住了这个让人开心愉快的朋友。

（4）心——内心的平静与坚定

"心"是气场的第四层，指的是一个人的内心状态。一个内心平静、坚定的人，往往能够在任何情况下保持冷静，不受外界干扰。这种心态不仅让人感到可靠，还能传递一种无形的力量。正所谓无欲则刚，那些内心强大、不被名利左右的人往往拥有更持久的影响力。

僧侣和修行人就具备这种心态。尽管他们的生活条件简朴，身体瘦小，但他们身上却有一种令人敬畏的力量。他们的心灵经过长期的修炼，已经达到了一种超脱世俗的境界，不会轻易被外界的诱惑动摇。我们或许无法达到这种境界，但可以通过调整自己的心态，学会在社交场合保持内心的平静。例如，当你感到紧张时，你可以深呼吸几次，提醒自己放松心情，专注于当下的对话。这样不仅能让你缓解焦虑，还能让你更加自信地应对各种情况。

（5）灵——超越自我的能量

"灵"是气场的最高层次，指的是一个人散发出来的独特能量。这种能量不仅是外在的表现，而且是内在修养的体现。一些活佛或得道高僧往往具有一种令人震撼的气场，甚至让人感受到一种超越自我的力量。虽然我们未必有机会接触到这样的人物，但可以通过不断提升自己的内在修养逐渐接近这种境界。

例如，许多成功的企业家和领导者虽然身处繁忙的商业世界，但依然保持着对生活的热爱和对精神世界的追求。他们不仅关注物质的成功，而且注重内心的充实和平衡。这种内外兼修的态度让他们在人际交往中展现出一种独特的魅力，吸引着更多志同道合的人加入他们的团队。

了解了气场的五个层次后，你可以通过以下几种方法克服社交恐惧，提升自己的社交能力。

- 逐步暴露法：从小规模的社交场合开始，逐渐增加难度。每成功应对一次挑战，你的自信心都会增强。
- 正面自我暗示：在社交场合中，告诉自己"我可以做到"，并专注于当下的对话，而不是过度担心别人的评价。
- 练习非语言沟通：通过微笑、眼神接触、适当的手势等方式展现自信和友好。即使你感到紧张，这些细微的动作也能帮助你缓解压力。

- 培养兴趣爱好：找到自己真正感兴趣的领域，并积极参与相关的活动。这样不仅能拓展你的人际关系，还能让你在交流中更有话题可谈。

- 接受不完美：没有人是完美的，偶尔犯错也是正常的；不要因为害怕出错而回避社交，而是要学会从错误中吸取经验，不断成长。

总之，有勇气不是没有恐惧，而是即使害怕也要勇敢前行。无论是通过提升胆量、塑造外在形象，还是锻炼思维能力、保持内心的平静，每一步都能帮助你在社交场合更加自信地展现自己。记住，社交恐惧并不是不可战胜的，只要你愿意迈出第一步并持续努力，终将在这个充满机遇的世界中找到属于自己的舞台。

● 按照 MTV 法则自我介绍：打造独特的个人标签

连接是一种与他人产生共鸣并建立联系的能力，而自我介绍则是这个过程的第一步。许多人的自我介绍都平淡无奇，未能给对方留下深刻印象。MTV 法则是一种简单且有效的自我介绍方法，无论是在社交场合，还是在职场，它都能帮助你在短时间内快速清晰地介绍自己，并迅速与对方建立联系。MTV 代表 3 个关键点：Me（我）、Task（任务 / 成就）、Value（价值）。

（1）Me（我）：建立个人身份

在介绍"我是谁"时，首先，我们要简单介绍自己的基本信息，包括姓名、职业和背景等，这是建立个人身份的第一步；其次，我们要尽量寻找"四同"——同校、同乡、同好、同伴来建立连接。例如，"你是哪里人？""你以前是哪个学校的？""你学什么专业？""你做什么工作？""你认识这里的哪位朋友？""你是因为什么样的机缘做这个事业的？""最近怎么样？"这些问题都能迅速拉近彼此的距离。"四同"能打破陌生感，让你更快地融入新环境。

如果找不到"四同"，共同的兴趣爱好也是一个很好的切入点。例如，都喜欢宠物、跑步、打球、看脱口秀等。同频共振、同质相吸，人们通常会对最熟悉的事物感到亲切。很多养猫、养狗的人在一起，很快就从"喵星人"、爱犬等话题热聊起来。

即使没有"四同"，你也可以借力打力，避免常规介绍。例如，如果你在一家知名企业工作，就可以直接用"企业＋头衔"的方式介绍自己，将知名企业与你的名字关联起来，更容易让人记住。如果你的业务能力或某项技能特别突出，就可以用"业务能力＋名字"的方式，如"我是职业培训师刘碧瑛"等。如果能在自我介绍里加一些幽默感，那就更好了。心理学认为，幽默是人的能力、意志、个性、兴趣的综合体现，也是社交体验的"调味料"。

（2）Task（任务 / 成就）：展示实力与经验

描述自己曾经取得的成就或经历的有影响力的事情，这些成就可以是工作中的成功案例、学术上的研究成果、社会活动中的贡献等。通过具体的例子，你可以展示自己的能力和经验，从而增强对方对你的信任感。因为人们内心深处都喜欢与有实力的人合作。例如，在拜访客户时，你可以提到一个自己服务过的相似案例（同行、同规模、同地区等），讲一下合作前后的对比（降本、增收、提效），让客户有代入感。当然，在列举成就和提供价值时，要确保信息的真实性和可信度。

（3）Value（价值）：强调你能带来的好处

强调你能为对方或听众带来什么价值，可以是你的专业技能、解决问题的能力、人际网络、信息资源等。通过展示你能提供的价值，可以让对方明白与你合作或交流的好处。例如，有一次我在培训师群里看到有一位讲营销课题的老师加入，他简单介绍自己后就说："谢谢大家的鼓励！我可以从以下两个方面和大家交流：一是营销专业领域；二是我的 8 年职业讲师工作得失，以我的成功和失败教训为例，探讨如何让我们的业务做得更好。"他这样一介绍，立刻让作为同行的我清晰地感受到他入群将带给我们的价值。

所以，如果你希望自己一开口就能吸引客户，那么一定要价值前置，即让对方知道你的价值是什么。如果你没有时间看完整本《大学》，那么第一句话"大学之道，在明明德，在亲民，在止于至善"就说明了整本书的宗旨和纲领。麦肯锡 30 秒电梯沟通法则也是要在极短的时间内跟客户说清楚方案的价值是什么。

我有一位做金融产品销售的学员去拜访他的客户。这位客户是一家集团公司的高管，工作特别忙。他见到客户，在简单自我介绍后就这么说："张总，过来的路上，我在一直想，您这么忙，我该跟您分享哪些内容好节省您的时间。"就这样，客户一下被打动了。

MTV 法则的核心在于精简明了，避免冗长和复杂的表述。你只要通过"三个标签"让大家记住你就好。我经常跟学员开玩笑说："你们记得刘老师个高、人美、课好就行了。"定位理论的创始人之一艾·里斯（Al Ries）曾提出："品牌应当力争在消费者心智中占据一个词汇。收缩焦点，你的品牌才会更强大。"因此，在社交场合，你要突出自己的亮点和特色，展示自己的独特价值，才能让对方轻松记住你。

我们通过社群结识了自己所在群体以外的人，这种社交可以被称为边缘社交。其实，社交是认识世界的一种方式。成功来源于你身边人的帮助，以及你跟他们相处的方式。不管他们是你的家人、朋友，还是与你有一面之缘的人，真正的社交意味着你要给每一份关系带来同等的价值。社交并不是你实现目标的工具，而是用诚意交往，达到彼此舒服和愉悦的状态。

➲ 用交集故事破冰，拉近心灵距离

讲故事是人类沟通的重要方式之一，它不仅能传递信息，而且能传达情感、价值观和文化。故事还具有叙事疗愈的奥秘。通过故事的镜头，我们能够回溯那些曾经的苦难与脆弱，站在今日的高度，以一种更加成熟与睿智的视角重新审视那些过往。商业故事同样能创造巨大的价值，如"钻石恒久远，一颗永流传""Just Do It"等广告语早已成为经典的商业故事，并且深入人心。

我的外婆便是一位讲故事的高手，她在我成长的过程中总会给我讲一个特别的故事——我是喝她的奶水长大的。话说我妈妈很年轻时就生了我，有一天合作社组织放电影，机会难得，她就跟小姐妹一起去看电影，把我留在了外婆家。幼小的我饿了，开始嗷嗷叫。外婆没办法，抱起我就给我喂了她的奶。每次故事的结尾，她都会饱含深情、语重心长地说："你可是喝着我的奶水长大的哟！"我也从未求证过自己有没有真的喝到奶水，后来听妈妈说那只是唯一的一次。不过，这并不重要了，重要的是每当听到这个故事，我就会热泪盈眶、感激涕零，感觉跟外婆特别亲近。瞧，这就是故事的力量，它能拉近人与人之间的距离！虽然外婆已经离世，但我永远不会忘记她留给我的故事。她是我人生中的第一位故事导师，她用自己的故事教会了我如何用语言触动人心。

人特别喜欢听故事的原因在于我们的生物本能，听故事时用的是情绪脑。正如特伦斯·加尔吉（Terrence Garguieo）所言："人与人之间最短的距离是故事。"你喜欢的故事中一定是有你自己的样子。故事连接着不同个体的内心世界，让彼此在分享中产生共鸣，迅速拉近距离。你是什么样的人，你不用说服别人，只要讲一个故事就可以了。

在社交场合，一个生动、有趣或富有深意的故事往往能够成为破冰的利器。通过讲述与对方可能有交集的故事，我们不仅能够迅速打破沉默和尴尬，还能在对方心中留下深刻的印象，建立初步的信任和联系。

有一次，我去拜访一位编辑。我们初次会面，他跟我讲了一个故事。我国著名作家陈忠实写了长篇小说《白鹿原》，获得茅盾文学奖。陈忠实在 25 年前就认识了一位编辑，当时这位编辑看了他写的文字，非常欣赏和喜欢他，对他说："陈老师，未来如果有一天你要出书，记得一定要联系我，我帮你出书。"这话一说，这位编辑等了 25 年，陈忠实都没有出小说啊！直到 25 年后写出来《白鹿原》，他第一个就想到了 25 年前这位编辑跟他说过的话。后来的事，大家都知道了，这本书出版后在文学界影响深远。所以，编辑和作家有时也是一辈子相伴成长的朋友。

这位编辑讲完这个故事，我特别感动，我和他的心理距离顿时拉近了。很多时候，合作也好，沟通也罢，当下没有达成不代表沟通的失败和关系的结束。借助脱不花老师的话说，沟通是一场无限游戏。具体的沟通事项可能会结束，但是沟通高手可以让双方的关系持续发展下去。所以，在认识的初期，我们如何运用交集故事建立联系？我自己的总结是用心从"三多"切入沟通要点。

（1）多观察

在与他人交往时，我们要细心观察对方的穿着打扮和言行举止。例如，对方穿的是西裤，还是休闲装；用的手机是新款，还是几年前的；说话是含糊不清，还是直截了当……通过对这些细节进行理性、客观的分析和判断，我们往往能够发现自己与对方有交集的地方，如相似的兴趣爱好、共同的工作经历或相似的价值观等。及时抓住这些交集，我们就能有机会与对方建立联系。

（2）多赞赏

表达赞赏是满足人性最深层次的渴望，即让人感到自己有价值、很重要。赞赏有 3S 原则，即赞赏他人要真诚（Sincere）、具体（Specific）、有智慧（Smart）。

我曾给某院校进行过一次关于专家接待的礼仪与沟通培训。当时，这所院校即将迎来教育部专家的评审。这次评审很重要，通过了评审，他们才可以继续进行本科招生。因此，全校都非常重视，项目小组成员甚至放弃暑期休息，夜以继日地为评审做准备工作。在我分享之前，他们的书记从学校的发展历史、新旧校区、还在扩建的新校区、师资人才和优势专业，以及个人的迎接专家经验等方面进行了重要讲话。书记用讲故事的方式娓娓道来，但让我更受启发的是他们的办公室主任。办公室主任接过话筒，不是简单说一句"感谢书记的发言，对我们很有启发"，而是这么说："刚才书记从个人经验出发，切实地给我们分享了接待的注意点。我觉得，对书记刚才的讲话，可以用三个'情'——地情、校情、人情来总结，即迎接评审，我们要注意了解学校的新旧校区建设，这是地情；要做更深的功课去了解学校的历史、前世今生，这是校情；关于专业和师资、学生等人方面的情况也不可疏忽，这是人情。书记的讲话让我们了解了此次评审的重点和细节，非常有逻辑，很清晰，我们很受启发。"办公室主任对书记的发言用三个"情"做总结，就是 3S 原则的体现，即具体、真诚又有智慧。

美国著名心理学家威廉·詹姆斯曾指出，人类本性中最深刻的渴求就是受到真诚的赞美。爱默生曾说："我所见的每个人在某方面都是我的老师，我向他学习。"在社交心理中，我们通常喜欢那些也喜欢我们的人。有句话很有道理："什么是好人？对我好的就是好人。"因为人大多以这个标准衡量周围的人。

（3）多倾听

有效的倾听是一切沟通的基础，尤其是在初期建立关系时。倾听是听起来简单，但做起来难的事情。很多人把努力地听当成倾听。实际上，真正的倾听不只是使用耳朵，还要用头脑，投入身心。但大多数人是一边听着别人的话，一边构思自己将要表述的话。以自传式回应和好为人师的居多，即从自我的经验和角度来回应。倾听的要诀就是知道很多事其实你并不知道。还有些听者完全没有注意说话人所说的话，假装在听，其实却在考虑其他毫无关联的事情，或者内心想着辩驳和回应。他更感兴趣的不是听，而是说。这种层次的倾听导致的是关系破裂、出现冲突和拙劣决策的制定。

我曾经碰到一位朋友，每次都是没等我的话说完，他就插话或者提出一个不相关的话题，导致我要花很多精力再把他带回原来的话题。一个人是不是沟通高手，就看他打断别人发言的次数。沟通高手能在沟通中听出对方的情绪变化和需求，甚至听出矛盾和偏差。

心理学家陈海贤曾讲过一个案例。有一天，他在餐厅吃饭，听到一对夫妻对话。

妻子说："这几天没睡好。"

丈夫回她："这几天天气热，人就是容易早醒。"

妻子接着说："我有点担心女儿上托儿所不能适应。"

丈夫回她："小孩子嘛，不都这样，过一段时间就好了。"

于是，妻子沉默了。

在这段对话里，妻子一直跟丈夫说，她觉得生活的某些方面出了问题，而丈夫一直强调一切正常。丈夫听到妻子的话了吗？并没有，他只是用自己的想象理解妻子说的话。也许对于丈夫来说，妻子的焦虑是一种新的经验（也可能不新了）。他一直在努力把这些新经验纳入自己原有的认知框架里，还没来得及听妻子说什么，就急着给妻子提供一些解释，好像他很需要"一切正常"的感觉。如果这时妻子告诉丈夫"你没听我说话"，丈夫也许会不理解，甚至反驳说："我不是一直在听吗？"

到底是什么让丈夫不愿意倾听呢？是他对妻子的状况不感兴趣？是他担心妻子通过"告诉你我不好"来责怪他？还是他很需

要一切尽在掌握的感觉呢？

我想到热播的综艺节目《再见爱人》第四季里，歌手李行亮和他老婆麦琳的对话有点类似"鬼打墙"，就是一直"听"不到对方内心的声音，也可能不愿意听到对方的真实表达。德国心理治疗师伯特·海灵格的《看见》中有一段话："当你只注意一个人的行为，你没有看见他；当你关注一个人行为背后的意图，你开始看他；当你关心一个人意图后面的需要和感受，你看见他了。"真正的倾听即"看见"真实的需求和感受。在讲述故事的过程中，我们要时刻关注对方的反应和感受。如果对方对故事感兴趣或有所触动，我们就要及时给予回应和互动，进一步加深彼此的联系。

破冰的艺术在于用心感受和发现人与人之间的共同点，并用故事作为媒介传递情感和建立联系。当我们能够熟练运用交集故事打破沉默、拉近距离时，我们就能在社交场合更加游刃有余、如鱼得水。

很多人常说："我不会讲故事，一到公共场合就发怵。"其实，讲故事和开车、讲英语一样，初期是一项技能，都是可以通过刻意练习获得的。生命全在体验，人生就是故事。带着一双善于观察的眼睛，勤于思考，每个人都可以讲述自己的故事，做自己的英雄。

● 细化时间颗粒度，提高社交效能

在当今快节奏的社会中，时间管理成了个人成功和高效社交的关键。所谓时间颗粒度，是指我们管理时间的基本单位。例如，有些人按天过日子，有些人按小时完成工作，还有些人的时间都是按分钟计算的。开会时汇报工作，别人用30分钟，你只用15分钟就清晰地表达了。一个人能在有限的时间内给予对方充足的高价值的信息反馈，反映了一个人的效能和能力。如果你具备这种效能和能力，你在领导的眼里就是时间颗粒度更细的人。我曾看过一个助理跟某单位的一个负责人沟通课程，其实在30分钟内能沟通完的事情，双方反反复复，竟然花了一个多小时。

在社交中提高时间颗粒度，有以下行为需要注意。

注意时间礼仪——不迟到、不耽误他人。例如，如果你在商务会议中被安排等待，而对方迟迟未出现，这可能反映了对方的组织工作做得不好，或者是故意抬高自己。这时你就可以采取一些方法来回应，比如拿出随身携带的书、笔记本或掌上电脑，或者打自己的工作电话。你传递给对方的信息是你也很忙，这种长时间等待给你造成了很多不便。

对于拜访、会面、用餐，一般建议提前15～20分钟到达。

尤其是重要宴请，我建议提前半小时到餐厅，以便进行场地布置和检查。以下是一些需要提前考虑的细节：包厢的空气好不好？宴请客人的座位怎么安排？隔壁包厢吵不吵？洗手间干不干净？服务人员热不热情？客户到达的路线是否便捷？停车场是否方便停车？试想，宴请的重要客人在停车场绕了一大圈，或堵了一二十分钟还没上来，心情都败坏了。有心人都是工作前置，避免后续的麻烦。一般初次会面沟通的时长以 1.5 小时为宜，这样既能保证交流得充分，又不会让双方感到疲惫。

记住名字是赢得他人好感的关键。有一个词语对于很多人而言听起来感觉最好，并且在人的一生中听到的次数最多，这个词语就是名字。名字是一个人最珍贵的标识。记住对方的名字，并在交谈中适时提及，能瞬间提升对方的好感度。

回想一下，你是否知道公司清洁阿姨的姓氏？你是否知道小区看门大爷叫什么？你是否知道天天送快递上门的小哥的称呼？你是否对新结识的朋友的名字了如指掌？记住别人的名字是一种尊重，也是一种关怀，能让对方感受到你的真诚与热情。

通过尊重他人的时间、提前做好准备以及记住对方的名字，你可以在每一次互动中展现更高的社交效能。这些看似简单的技巧，实则蕴含着深刻的道理：真正的高效不仅在于速度，更在于对细节的关注和对他人的尊重。提高时间颗粒度，不仅是关于如何更高效地管理时间，而且是关于如何在社交场合展现你的专业素养和人文关怀。

合理安排时间是初次会面的重要环节，它体现了我们对他人时间的尊重和自身的专业素养。而这种专业素养和对细节的关注也与信任公式中的可信度和可靠度息息相关，为建立信任关系奠定了基础。

⊃ 用麦肯锡"四度"信任公式筑牢坚实的信任根基

经常有学员问我："老师，我如何获得领导的信赖，实现升职加薪呢？""老师，我如何赢得客户的信任？""老师，怎样让女朋友相信我？"实际上，这些问题的核心都围绕着一个共同的主题——信任。孟子说："诚者，天之道也；思诚者，人之道也。"信任是一个人最重要的资产，也是一种能力。被信任是一种更重要的能力。世界级领先的全球管理咨询公司麦肯锡对信任做出研究，有了更直观的信任公式。

麦肯锡的信任公式（Trust Equation）是一个用来解释和量化信任构成的模型，它将信任分解为 4 个核心元素——可信度（Credibility）、可靠度（Reliability）、可亲度（Intimacy）及自私度（Self-orientation），并通过一个公式表达信任的构成：

$$信任 = \frac{可信度 \times 可靠度 \times 可亲度}{自私度}$$

可信度（Credibility）是指一个人是否具备解决问题的能力。在社交场合，一个具备高可信度的个人或组织能够提供准确、可靠的信息和解决方案，从而赢得他人的信任。这通常与你的专业能力相关，你是否是某个领域的专家或权威人士。例如，谈到卓有成效的管理，大家都会想到"管理学之父"彼得·德鲁克。而我认识的小年派创始人熊小年老师，他开创了德鲁克思想应用派，并发起德鲁克思想应用大师赛，已经举办了多届，反响热烈，帮助很多中小企业在实战中取得成绩。在我眼里，他就是可信度极高的专家。

可靠度（Reliability）是指一个人能否按时、保质地完成任务，也是个人或组织的一致性和可预见性。一个人是否言行一致、守诺。"靠谱"是现代社会对一个人的极高评价。例如，如果你承诺会在特定的时间内完成一项任务，那么确保按时完成甚至提前完成，将会大大提升你在同事或合作伙伴心中的可靠形象。

可亲度（Intimacy）是指别人是否愿意接近你，是否觉得你是一个值得信赖的人。很多事情在能力和人品同等的情况下，就往往考虑情感因素。在一个有亲近关系的环境中，人们更愿意分享真实的想法和感受，从而促进信任的建立。这与个人魅力、亲和力及情商有关，是关于别人是否愿意与你交往的程度。

自私度（Self-orientation）是指一个人是否以自我为中心，做事总先考虑自己的利益。作为公式的分母，自私度对信任的影响是反向的。它衡量的是个人在多大程度上把自己的利益放在他人利益之上或之前，是否以自我为中心。在商业和人际交往中，以他人为中心是成熟的表现。成熟是一种眼中有他人、维护他人的能力。简单地说，你是更无私，还是更倾向于自我优先？在信任关系里，自私度越小，就越容易赢得别人的信任。曾有学员问我："老师，我怎样能够跟领导请到长假？"我回答："你在请假之前先想一想，自己请假会给领导带来什么麻烦。当你把这些麻烦都考虑清楚和处理好时，跟领导请假的成功率就会高很多。"减少以自我为中心的行为，不仅能够增强他人对你的信任，还能够营造更加和谐的合作环境。

这个公式强调了建立信任不是基于专业能力或单一的特质，而是多方面因素的综合作用。通过提高可信度、可靠度和可亲度，同时降低自私度，可以有效地建立和增强信任关系。

假设这样一种场景：在一次行业交流会上，你遇到了一位潜在的商业伙伴，你通过分享自己公司的成功案例展现你的可信度；当你承诺会跟进发送会议中讨论的某个项目的更多信息时，你确保在第二天就通过电子邮件发送了这些资料，展现了你的可靠度；在交流中，你注意到对方对某个话题特别感兴趣，于是你深入询问并分享了相关的经验，展现了你的可亲度；最后，你避免了主导谈话或过度谈论自己的成就，而是展现出对对方项目的兴趣和支持，这减少了自我取向，进一步增强了信任感。在初次自我介绍和会面时，一步步适度披露个人信息，而不是话题和时间都以自我为中心。

通过这样的方式，你不仅在专业层面建立了信任，还在个人层面与对方建立了连接。这种综合运用麦肯锡信任公式的方法，可以帮助你在社交场合迅速建立信任感。一切美好都是深度关系的产物，"四度"也是能力、诚意、可靠性和情感的综合评估。

总之，麦肯锡的信任公式为我们揭示了信任关系的基本构成要素，让我们明白在初次会面中如何从能力、可靠性及亲和力等方面赢得对方的信任。然而，要实现深层次、持久的信任关系，我们还需要进一步挖掘双方的内在联系。BRAVE 原则正是这样一个桥梁，它引导我们通过分享信仰、仪式、忠诚、价值观和情感经历等，与对方建立超越表面的深度链接，使信任关系更加稳固、深厚。

⊃ 深度链接的 BRAVE 原则：拓展人际关系网络的智慧之道

在商业或社交场合，如何与他人建立更深层次的联系呢？哈佛大学教授丹尼尔·夏皮罗提出的 BRAVE 原则为我们提供了一种智慧之道。BRAVE 代表着信仰（Beliefs）、仪式（Rituals）、忠诚（Allegiances）、价值观（Values）和情感上的重要经历（Emotionally Meaningful Experiences）。这些元素不仅是个人身份认同的基石，也是深化社交联系、增进相互理解的桥梁。想象一下，在商务洽谈或朋友间的闲聊中，巧妙运用 BRAVE 理论，无疑能为你的交流增添深度与温度。

你走进一位企业家的办公室，可能会被一套古朴、典雅的紫砂茶具吸引。它们静静地陈列在案头，散发着沉稳与内敛的气息。你可以说："这套紫砂真是别具匠心，气质纯朴而不失高雅，光泽温润而无刺眼之'贼光'，每次见到都忍不住想要摩挲一番。"这样的开场白不仅展现了你对细节的敏锐洞察，也为接下来的对话铺设了一条充满文化气息的路径。紧接着，你可以自然地询问对方："您平时偏爱哪种茶？是醇厚的普洱，还是清新的龙井？"这样的互动不仅拉近了彼此的距离，也让谈话在轻松愉快的氛围中展开。

在另一边，有些企业家的办公室里供奉着佛像。此时，你不妨顺势引入一个富含哲理的因果故事，比如讲述一位商人在困境中因秉持诚信与善良，最终获得转机。这样的分享不仅能让对方感受到你的文化底蕴与人文关怀，而且能在无形中传递积极向上的价值观，促进心灵的共鸣。

随着谈话的深入，不妨将话题引至价值观与信仰层面。你可以分享自己对某个理念的理解，或者询问对方对"成功"与"幸福"的看法。这样的交流超越了单纯的服务与销售范畴，让彼此更像在精神层面相互扶持的朋友。在 BRAVE 理论的框架下，信仰与价值观的讨论能够帮助你建立更深层次的情感链接，让这段关系升华成灵魂的碰撞。

BRAVE 原则的运用不局限于商业场合，它同样适用于日常的社交互动。无论是在家庭聚会、朋友聚会还是社区活动中，通过分享个人的信仰、仪式、忠诚、价值观和情感上的重要经历，我们都能够加深与他人的联系。例如，在家庭聚会中，通过讲述家族的传统故事，我们可以强化家族成员之间的纽带；在朋友聚会中，通过分享个人的成长经历和感悟，我们可以增进彼此的理解和尊重；在社区活动中，通过共同参与仪式和活动，我们可以增强社区成员的归属感和团结。

BRAVE 原则的实践，也要求我们具备倾听能力和同理心。在交流中，我们需要耐心地倾听他人的故事，理解他人的观点和感受。通过共鸣和共情，我们能够更好地与他人建立联系，形成更深层次的理解和信任。这种理解和信任是人际关系中最宝贵的财富，它能够让我们的社会更加和谐，让我们的生活更加美好。

BRAVE 原则是一种强大的社交工具，它能够帮助我们在各种场合与他人建立更深层次的联系。在此基础上，合理的空间管理和对峰终定律的把握将进一步优化会面的体验，确保信任关系的稳固建立。

➲ 空间管理：拿捏社交分寸与界限

美国人类学家爱德华·霍尔博士于 1963 年提出"空间关系学"——空间中的人际关系，即真实或感知的物理距离是关系中亲近或疏远的象征。研究表明，在文明社会中，人与人的关系可以用界域或距离大小来衡量。管理好与他人的空间距离，就是管理好与他人的关系。在实际应用中，我总结为理性空间、情感空间、亲密空间等。

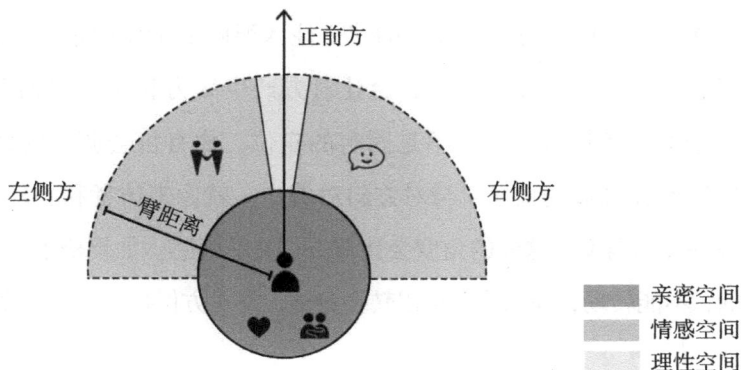

（1）理性空间

初次会面伊始，对理性空间的把握至关重要。它为交流提供了一个正式、规范的框架，让双方能够在舒适、恰当的距离内进行初步的沟通和了解。理性空间通常在正式场合使用，即站在对方正前方的一臂距离左右，进行递接名片、握手、鞠躬等正式的商务社交行为。人与人之间常见的社交距离是 1 米左右。除非你不想和对方交流，否则两人之间尽量不要隔着一个过宽的实物，如会议桌等。尤其超过 1.5 米，会让对方潜意识中觉得彼此的距离像有半个篮球场那么远。

（2）情感空间

随着交流的展开，当我们需要进一步拉近与对方的距离、增进情感共鸣时，情感空间的运用就显得尤为关键。它能够让交流更加深入、亲切，为信任关系的建立注入温暖的情感因素。在社交场合，椅子正面朝向对方，会让对方产生压力和对抗的感觉，常见于谈判等场合。如果不是固定的座位，你有机会调整的话，可以试着轻轻挪动椅子，与对方斜对着坐。就像来访者和心理咨询师一样的角度，这样的角度会让双方更有信任感。如果椅子是固定的，不能转动，那么你就可以转动身体，与对方保持一定的角度。

（3）亲密空间

在关系发展到一定程度时，谨慎而恰当地运用亲密空间，能够加深彼此的信任和亲密感。但如果使用不当，则可能适得其反。因此，在初次会面中，我们要根据实际情况灵活把握。家人、挚友、熟人等进入亲密空间是比较合适的。如果是不熟悉的人，尤其是初次碰面的人进入他人的亲密空间，会让他人有被侵扰或不适感。

我在一次课上讲到乘车礼。有一位女学员讲述她搭乘男同事的车到地铁站，结果半路上男同事的老婆上来了，看她坐在副驾驶座上，就脸色很难看，坐到后排去了。当时，气氛很尴尬。

其实，从物理空间来说，有限的车厢里，驾驶座和副驾驶座是挨得比较近的，属于亲密距离。当一个人的亲密空间被侵扰时，心里是会不舒服的。所以，我分析那位男同事的老婆才会不高兴。

空间影响我们日常生活中的选择、行动和情绪。《蜗居》里，海萍、海藻的妈妈过来帮海萍照顾孩子，挤在弄堂的小房间里，说到"人在这么狭小的空间里住久了，人的心量也小了，变得斤斤计较"，不无道理。

除了物理空间，我们还要注意心理空间。你跟朋友的关系无论多好，当对方感到不舒服时，你就要后退半步。保持刚刚好的分寸和界限，既有亲和力、不"端"着，也不显得自来熟。

想象一下，在一个商务会议中，你作为新加入团队的成员，需要与其他成员建立联系。你可以选择坐在会议桌的一端，这样既可以保持一定的距离，也能观察到整个团队的动态。这是一种理性空间的应用，它表明你尊重团队的现有结构，同时也表明你愿意作为一个观察者和倾听者参与其中。随着时间的推移，当你与团队成员建立了信任和亲近感时，你可以选择坐在他们旁边，进入情感空间，这样可以更容易地进行一对一的交流和建立更深层次的关系。

再比如，在一个社交聚会中，你注意到一位朋友似乎有些孤独，坐在角落里。你可以选择坐在他旁边，进入他的亲密空间，通过这种方式表达你的关心和支持。通过这样的小动作，你可以有效地缩短与朋友之间的心理距离，增强你们之间的联系。

总之，空间管理是一种微妙而强大的社交方法。无论是在商务场合，还是社交场合，通过理解和应用理性空间、情感空间和亲密空间的概念，我们可以更好地与他人建立联系，深化人际关系。

➲ 遵循峰终定律，留下美好的社交记忆点

峰终定律（Peak-End Rule）由 2002 年诺贝尔经济学奖获得者、心理学家丹尼尔·卡纳曼（Daniel Kahneman）提出。这个定

律深刻地揭示了我们对体验的记忆是如何形成的。它表明我们对体验的记忆主要受两个因素影响：体验中的高峰时刻（无论是正向的，还是负向的）和终点时刻。在会面交往中，这个定律的影响力体现在人们记住的往往是交往过程中最强烈的情感体验和最后的印象。因此，无论是在商务会议、社交活动，还是在私人约会中，创造积极的高峰体验和愉快的结束时刻对于留下良好的整体印象至关重要。

所以，当一次比较理想的面谈快结束、最后离开时，请注意轻轻起身，点头致意，微笑告别，留给对方最后一个美好的结尾印象和峰终体验。当送别客户到电梯时，请注意在电梯门关上后再离开或转移交流视线，把最后一眼留给客户。

在最后告别时，如何让人觉得你是依依惜别，而不是匆忙逃离？我有一个小动作分享给你。例如，面试结束，如果你带有资料，那么仔细收拾桌面的东西，一边收拾，一边和面试官交谈几句，再继续收拾。这个行为会给对方依恋的感觉。试想，谁不希望自己是别人留恋的对象呢？如果你希望与联系人有进一步的沟通，也可以在语言上做些铺垫："我有一个过分的要求，不知道方不方便？从您身上学习到不少，希望今后还能不断交流，向您学习讨教！"

当然，我也碰到负向体验的现实案例。有一天晚上，我跟朋友一起去逛商场。快入冬了，我想添一条冬天穿的厚牛仔裤。因为到得比较晚，商场在 9 点就要关门，已经 8 点 50 分了，我们还没看到合适的衣服。在即将离开时，我们看到一个加拿大的时尚休闲品牌店铺，于是进去了。店内只有一位售货员阿姨，她跟我们说已经关账了，但可以试衣服，如果要购买，就只能微信转账给她个人。我们同意了。衣服看起来很时尚，我们也是真想买，就试了几条裤子。阿姨也向我们推荐了几款。但是，她家的衣服看起来不错，穿上身却不合适。没办法，最后只有一件内搭合适，我们就买了。结果，阿姨看我们试了这么多衣服却只买一件，就突然变得脸色不太好看。她有些不悦地说："啊，你们就买一件啊？我已经晚下班半个小时了，你们还试这么多件！商场都关门了！"我朋友看了看手表，回应道："哦哦，现在都已经 9 点 20 分了。"阿姨的语气更加生硬："我们 8 点 50 分就关门。现在这个时间，我已经到家了！"

我和朋友面面相觑。付完钱，我们一出门都觉得这位店员的态度真是让人难以接受。我们本是诚心诚意来买衣服的，但衣服不合适，也不能勉强。如果她的态度能好一点，我们下次还会光顾。可惜，最后的服务态度让我们的这次购物体验大打折扣。

正如著名建筑设计师贝聿铭所言："我们没有办法把所有的矛盾全部一一化解，但是必须找到影响项目成败最核心的矛盾，并彻底解决它。"峰终定律提醒我们，在社交中要重视体验的高峰和结束时刻。通过精心设计这些关键时刻，我们可以在他人心中留下美好的印象，为未来的交往打下良好的基础。我也希望你能在自己的人生历程中建立峰值，把平凡变成极致，把低谷变成峰值，把梦想变成真实。

行动小贴士

　　假设你是一家咨询公司的业务发展经理，有一位长期合作的老客户对你的服务很满意，和你的关系也好，他决定将你介绍给一位潜在的新客户。这位新客户对你的服务有潜在的需求，你约了这位新客户面对面交流。请想一个破冰开场的自我介绍，让自己和对方迅速建立联系。

下　篇

多元场景社交

第 **8** 章

别独自用餐：

巧妙应对餐桌社交

我在多年的培训工作中发现，涉及商务接待和拜访的餐桌社交是被提问最多的内容，也是职场人士最关注的课题之一。例如，我不知道在餐桌上该说什么？我要不要去给离我最远的那个领导或客户敬酒？我怎么能自己少喝点又让对方多喝点？我酒量不行，怎么拒绝别人敬酒又不得罪人？怎么在敬酒时说得好，给客户留下深刻印象？饭桌上，我要不要给客户夹菜？领导陪客户聊天，让我点菜，结果我也不知道点得好不好，有没有对客户的胃口，点菜应该怎么点？转桌到底是转哪个方向？餐桌的餐巾布可以用来擦脸吗？餐桌上的吃相要注意哪些方面？有什么办法可以不参加社交宴请……

餐桌社交是不可被忽视的社交类型。曾有人说，你的事业可能在餐桌上发展起来，也有可能在餐桌上跌落下去。针对多年来积累的学员关于社交宴请的问题，我总结了社交用餐有"五得"：坐得对、点得巧、吃得雅、敬得好、聊得妙。坐得对，即座次和席位的安排要正确；点得巧，即怎么把菜点到客户的心坎上，又把钱花在刀刃上，这是有技巧的；吃得雅，就是你在餐桌上的言谈举止要合适，这也是个人素养在餐桌上的表现；敬得好，就是敬酒有顺序，祝酒的动作和祝酒词表达得体。聊得妙，也就是餐桌上的沟通决定了社交宴请能带来的潜在机会和价值。我相信，通过这些方面的学习和不断实践，假以时日，你可以成为一个餐桌社交达人。

➲ 饭局：吃的是饭，组的是局

《礼记·礼运》有言，"夫礼之初，始诸饮食"，意思就是最初的礼仪制度和风俗习惯始于饮食活动。据文献记载，周朝就有一套系统的饮食礼仪。沿传至今，宴席之礼，大可外交，小可社交。在我国人情社会，吃的是饭，组的是局，谈的是情。饭局是一个结实人际关系、拓展视野、获得资源和机会的平台，甚至可以说是除了会场以外的另一个"战场"。

饭局也是磨练自己的工具，尤其对不善于参与饭局的人。借用丰收蟹庄创始人傅骏老师的话："都说人生是一场修行，什么是修行？我认为是把自己不喜欢的，但又应该做的事情做好。既然能做好，那就多做做，做成自己擅长的，甚至喜欢的事情。人生在世，吃饭是必需的，饭局也是必需的，修行更是必需的。"

所以，从某种层面来说，饭局是一场修行。

饭局讲究氛围和策略。如何组一场高质量的饭局呢？一场高质量的饭局讲究天时、地利、人和。天时、地利肯定都是选择主客都方便的时间和地点。人和显得特别重要，找到合适的理由能请到重要的人，同时一场有趣的饭局往往需要宴请方的发挥。

饭局中难免会冷场，这时可以有几个活跃气氛的小技巧。例如，谈过去认识的情况或故事，"张总，你们是怎么认识的啊""那你们第一印象是什么样的""原来是有这么棒的特质让你们一直交往下去"，等等；也可以自嘲，或开个无伤大雅的玩笑。有一次，我在饭桌上听到有人安慰他朋友："做生意就像坐过山车，有起有落。"另一个人感慨地说："是啊，我现在就感觉自己在坐跳楼机！"

餐桌上也可以准备一些互动小游戏。例如，逢 7 过游戏，就是玩家围成一圈，从 1 开始轮流报数，当遇到含有数字 7 或 7 的倍数时，玩家不能说出口，而要用敲桌子或拍手代替；如果玩家报错了数字，或者说慢了，就需要接受小惩罚，比如喝口酒。这是一个数字反应游戏，一来考验反应力，二来很容易活跃气氛。游戏或小惩罚要避免肢体接触，以免弄巧成拙。

当然，饭局之外，买单与善后尽显高情商。不在客户面前核对数量、菜单、价格和发票信息，而是在用餐快结束时默默地去把账结好了。一般商务宴请中要把握好沟通的节奏，差不多两个小时内穿插 30 分钟左右的正事议题。

在我国，饭局不仅是饮食的享受，更是一种深刻的社会交往方式。它承载着人际交往、情感交流和资源对接的重要功能，既是拓展人际关系的平台，也是提升个人软技能的修炼场。通过精心策划和得体的表现，饭局不仅能增进彼此的理解与信任，还能为个人和企业带来更多的机会与发展空间。无论是传统的礼仪规范，还是现代的创新形式，饭局始终是我国社会中不可或缺的一部分，展现了我国人情社会的独特魅力。因此，学会经营饭局，不仅是一门艺术，更是一场人生的修行。

⬤ 座次礼仪：座次虽小，不可坐错

社交宴请尤其商务聚餐的第一目的不是吃饭，而是换一个场合沟通。所以，不论是中餐还是西餐，你都需要知道怎么"坐"和怎么"做"，即常说的座次礼仪和就餐禁忌。

有一次，我给一家公司上课。公司负责人王总跟我说，他们刚刚在宴请客户时发生了一个小插曲。因为当天宴请的客户比较多，公司为显示同等规格接待，就安排了几个同事一起陪同用餐。结果在落座时，一个刚毕业的小伙伴不小心坐在了客户的位置，幸好经旁边的同事提醒，赶紧换了位置。虽说这是小事，但客户都在场，也看在了眼里。所以，王总特地强调，要我在课堂上给他们好好讲一下用餐座次。我也曾在很多社交宴请中见到有些人"坐"得不当。例如，职级最低的人坐到了副陪的位置；主人和主宾还没落座，一旁的人就先坐下来。那么，宴席上的座次到底该如何安排呢？

一般来说，面对门的位置是尊位。无论从礼仪的角度，还是从个人安全感的角度来说，能够看到门的、视野更广的位置永远是尊位。你可以想想，如果让重要的人坐在背对着门的地方，他不知道进进出出的是谁，还要时不时地侧身扭头，这样的身体语言是不是很尴尬呢？

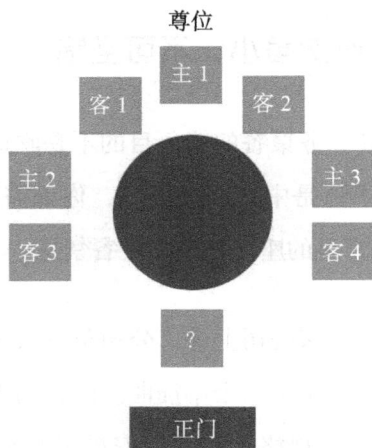

尊位

	主 1	
客 1		客 2
主 2	●	主 3
客 3		客 4
	?	

正门

尊位是活动的一个基点，有了这个点就可以确定其他人的位置，包括活动的行进方向。通常情况下，尊位由东道主或饭局的主人坐。但有时候，你会看到客人也坐在这个位置。这是因为主人对客人特别尊重，把尊位让出来了。

"居中为尊"是我国传统思想的一大原则，即进门一看，中间的位置是主位。主宾在主人的右手边，副宾在主陪的左手边，请注意这里的左右是以当事人为标准。社交宴请不管中西餐，一律都是以右为尊，这跟我国传统文化的"尚左尊东"略有差异。一般圆桌的转盘方向是顺时针自右向左，与人添茶续水也是从右手边开始。主人和客人穿插而坐，方便主人照顾客人和与之交流。正式的商务宴请一般以主人或一号人物为核心，重要的来宾都坐在距离主位比较近的座位。

在国内吃西餐的礼仪并不算太严格，但如果你经常出入国际性场合，就需要了解更多。西餐的座次安排和中餐有一定的区别。中餐多使用圆桌，西餐多使用长桌。长桌的座次主要有两种排法：一种是法式就座方式，即主人位置在中间，男、女主人对坐；另一种是英美式就座方式，即男、女主人分坐在长桌的两端。

法式长桌座次

英美式长桌座次

在西餐宴请中，座次安排要注意两个规则。

一是女士优先。在排定用餐座次时，处处都体现了女士优先的原则，主位一般请女主人就座，男主人一般退居第二主位。如果是家宴，女主人是非常关键的人物。她拿起餐巾铺在腿上的那一刻就是开餐的时刻，她把餐巾放到桌上的那一刻就代表用餐结束。当然，如果是朋友之间在餐厅聚餐，没有明显的女主人，这时女士旁边的男士就有义务帮忙拉一下椅子，待女士准备坐下时再稍微往前推一下椅子。

二是男女交叉排列。相比之下，西餐的社交仪式感更强。中餐一般把相识的人安排在一起，而西餐则是相识的人最好隔开坐。男女隔开坐也是西餐的通行法则。具体地说，女主人右手边是一号男贵宾，左手边是二号男贵宾；男主人右手边是一号女贵宾，左手边是二号女贵宾。如果是相对正式的宴会，还会准备专门的名牌，这时尽量尊重主人的座位安排，不要随意移动餐桌上的名牌。

所以，不坐错是最重要的。如果你先到场了，不清楚状况，也不知道该坐哪个位置，那就可以先看其他人落座了再入座。古人言，"人贵则语迟，水深则流缓"——冒冒失失、慌里慌张就体现不出贵气。实在不知道坐在哪儿，就等主人安排。当然，如果是你请客，那就要做好功课，提前了解同桌吃饭的人是什么身份和状况，避免因为座位安排得不对，让客人不开心。

⊃ 教你点菜：把钱花在刀刃上

原则上，点菜的人一般是主陪方、买单者、领导或尊者。请客时，邀请者一般都要示意服务员把菜单递给主宾，否则显得不大气。

在点菜时，询问喜好和忌讳，问一句"您有什么忌口吗"，这是基本常识。点菜讲究"三优四忌"。

所谓"三优",是指选择菜肴时从三个方面优先考虑:第一"优"是具有中餐特色的菜肴,尤其是在宴请外宾时,更要重视这一条;第二"优"是宴请外地客人时,优先考虑本地特色的菜肴;第三"优"是如果宴请本地客人,优先考虑本餐厅的招牌菜或特色菜。

"四忌"是指四条禁忌:第一"忌"是和宗教有关的饮食禁忌;第二"忌"是对健康有损的食物禁忌,现在"三高"人士——高血脂、高血糖、高血压的人越来越多,在点菜时也要注意;第三"忌"是对不同地区饮食偏好的禁忌,如南北方的饮食差异;第四"忌"是对某些职业所产生的特殊禁忌,例如,有些职业人士常年用嗓,就不宜吃辣或生冷的食物。

点菜注意"三个量":数量、质量和分量。

合理的点菜数量一般为 n+2,n 表示人数。例如,今天宴请10 人,至少要点 12 道菜。当然,点菜数量跟菜量的大小也有关系。还有一种方法,即预计每人 1 道菜,可以点每人 1.5 道菜,这样一般都能确保吃饱。有些地方的风俗习惯讲究点菜数量不要出现单数,所以点菜一般点 6 道、8 道、12 道等双数。

点菜质量是指在适应客人口味的前提下,菜肴的口味要有区别,品种要丰富,并且注意色泽,避免"全素色"席。总而言之，荤素搭配，冷热皆有，主食汤羹兼备，让客人吃得满足、开心。

点菜分量是指根据感情、交情和吃饭的目的点合适的菜。具体而言，就是不在特别重要的场合点过于家常的特价菜，也不在随意场合点鲍鱼、龙虾等让人有心理负担的高价菜。

有时候，我们发现宴席剩的菜不少，说明很可能这场宴席点的菜太多了，或者没有点到最合众人口味的菜。当我们作为陪同人员负责点菜时，我们只有选择权，没有决定权。在这种情况下，我们该如何做呢？当菜单从领导的手里递到我们手里时，我们可以叫来服务员，问这家餐厅最好的招牌菜是什么。请注意，是招牌菜，而不是特色菜，因为一家餐厅的招牌菜已经是无数食客印证过的。社交宴请不是家宴尝鲜，点招牌菜更为安全保险。当服务员报完菜名后，我们以中立客观的口吻，言简意赅地复述这道招牌菜的做法，在领导们交流的间隙向主陪或主宾请示。例如，"赵总，这家餐厅有道招牌菜红烧肉，用了红腐乳，加了干贝，您看可以吗？"对方无非有两种反应，一种是豪爽的客户会说"好呀，没问题，尝尝"，另一种是客户可能会迟疑一下或委婉地问"还有其他什么做法吗""还有其他招牌菜吗"。但不管是什么反应，我们都收到了反馈，可以根据对方的反馈进行调整。同时，在场的人也都听到了对话，具有了知情权。

一般主菜或招牌菜是宴席中的精品，也是宴席档次的象征。商务宴请时，主菜的规格要与主宾身份相符，主菜甚至占整桌菜肴成本的 55%。当然，钱要花在刀刃上，而不是吃完饭后，这道菜还剩很多。所以，点最贵、最重要的那一两道主菜时需要请示确认。这样操作下来，点菜的决定权还是在主陪和主宾手上，同时能确保主菜符合多数人的口味。

另外，餐饮界有句话，"一热顶百鲜"，也就是味道最好、价格最贵的菜要让服务员及时端上来，而不要凉了失去味道。我们还要注意一些细节。例如，万一菜做得不好，我们也不要在餐桌上吐槽菜品。

总而言之，宴请是一门艺术，不只是一门技术。宴请之道，在于精挑细选，讲究三优四忌；关注量质分，招牌菜为先，细节显风度；兼顾口味与身份，让每一道菜都成为宾主尽欢的佳肴。

● 餐桌举止尽显一个人的教养

精心点好菜，为餐桌社交准备了物质基础。而在用餐过程中，良好的餐桌举止则是展现个人修养和尊重他人的关键，它贯穿于整个用餐过程，与菜品相得益彰。

吃饭的时候，人会比较放松。这是观察一个人的最佳契机，很容易暴露一个人的素质和修养。用餐中不知不觉流露出的就是教养。而商务聚餐时，哪些细节是你常常忽略，而别人却看在眼里的呢？了解这些，起码可以让你在关键时刻不露怯。经过多年的培训总结和社交实践，我编了一个"十句诀"。

- 身体挺直显高贵——古人常言"人为万物之灵""人为贵"，即人是天地之间最贵重的生命和生灵，要显高贵，让食物来找你，而不是你去找食物。我们经常看到小鸡、小鸭、猫、狗吃饭时，将整个身子埋到食槽。而人吃饭则要端起碗，身体挺直，手不能全压在桌上，身体与桌子保持一个拳头的距离。

- 餐巾擦手不擦嘴——中式宴请中，很多餐厅提供的第一块热毛巾是用来擦手的，不可用来擦脸或擦嘴。除非有些高档餐厅会提供第二块热毛巾。用完餐后折好餐巾，将脏的部分折在里面，不可揉成一团。

- 闭口咀嚼不出声——咀嚼食物时要闭嘴不发出声音，即说话不咀嚼、咀嚼不说话。吃饭时不要让对面的人看到你嘴里的食物，也避免满口食物。很多人习惯一边吃饭，一边用筷子"指点江山"，这样不合适。如果需要回应，可以放下筷子或等咽下嘴里的食物再说话。

- 喝汤汤匙不满勺——在喝汤时，汤匙不要盛得太满。

- 食物再烫不去吹——无论食物或饮料多么烫，也要等它自然凉，不要去吹。一是避免因食物的温度过高而损伤口腔和食道；二是吹气可能将唾液和细菌带入食物中，增加食物被污染的风险。

- 残渣吐盘要合规——不在众目睽睽之下把鱼骨头、鱼刺等吐出，而应侧身，在不引人注意时吐入餐巾纸，低调、含蓄地处理掉。

- 照顾他人用公筷——使用公筷、公勺有"加减乘除"之效，即添加温情、减少传染、幸福乘倍、祛除病菌。用餐过程中，如果自己的筷子不小心掉地上了，不要立刻钻到桌子下面去捡，请服务员再拿一双干净的即可。

- 剔牙喷嚏需遮挡——咳嗽、打喷嚏或剔牙时，应转身、低头，用餐巾纸捂着或用手肘遮挡着嘴。

- 夹菜转桌先邀请——夹菜时，一般只夹自己面前最近的菜，最好不要站起来。不管多么不喜欢吃自己面前的菜，也不要连续夹超过 3 次。转桌时，先看旁边是否有人在夹菜，菜盘转到面前可以先邀请身边的人品尝。

- 用餐离座椅内靠——离开座位前，保持桌面整洁，同时把椅子往内靠，物归原处。

这些细节虽小，却能体现你的素质。一勺羹，看教养；一杯酒，看格局；一餐饭，定合作。记住，当你在品味食物时，别人在品味你。

⮱ 劝酒心理与适度原则：营造融洽氛围的关键

中餐待客有三部曲：添茶、布菜、敬酒，可谓"添茶有礼，表达尊重；布菜有度，适可而止；敬酒有方，融洽气氛"。

（1）添茶

我国有句俗语，"茶是话博士"。在我们闽南人看来，不管谈多小的事、谈多大的生意，先泡上一杯茶，沟通就开启了。以茶宴客可以活跃交际气氛，增加宾主交谈的兴致。所以，在为客人奉茶时要注意小节。奉茶时应当注意茶勿斟满，左下右上，右侧递上，适时续茶。

- 茶勿斟满，即茶不可以斟得太满，一般以七分满或八分满为宜，否则有逐客之嫌。
- 左下右上，即奉茶时以左手托住茶杯底，右手扶住茶杯，恭敬递上。现在很多有茶托，也是左手托盘，右手扶杯。双手奉茶时，切勿将手指搭在杯口或碰到茶水。
- 右侧递上，即奉茶时应从客人的右侧奉上，并放在客人的右前方，一般会做个请托动作或轻声告知"您的茶，请慢用"等。
- 适时续茶，即当客人杯中的茶水有所减少时，应及时为其续茶，勿让其茶杯见底。续茶时，仍以不妨碍客人为佳。

斟完茶，茶壶嘴不可对着客人。别人为你奉茶，你可用"扣指礼"回礼，即将手弯曲，用食指和中指轻叩桌面2~3次，以示感谢。

（2）布菜

关于布菜，随着现代人的自由意识越来越强，餐桌上也是越来越多的"只让菜，不夹菜"。也就是主人可以热情地向客人推荐菜品，但不必主动为客人夹菜。当然，为了体现热情，主人可以在上来第一道热菜或宴席中的大菜、某几道重头菜时给客人布菜，这是比较合适的尺度。

（3）敬酒

无酒不成席。社交宴请中，酒是灵魂，能够激发宴会的气氛，使宴会更加生动和有趣。主人拿起第一杯酒叫同饮酒——一同饮毕，这个祝酒意味着开餐。主宾动筷，正式开吃。倒酒或敬酒在客人右后侧，身体前倾，一般捧"下杯"，即自己的酒杯比对方的酒杯低一些。

不知道你是否遇到如下场景？公司年会上，小王端着满满一杯酒来到领导所在的主桌，对着所有的领导说："领导们，感谢你们这一年把我招进来，我一起敬你们。"领导们都面面相觑，象征性地抿了口酒。有一位领导还开玩笑说："小王，你这也太没诚意了，一杯酒敬我们所有人。"小王听后有点脸红了。所以，敬酒可多人敬一人，不可一人敬多人，除非你是长者或领导。

敬酒时确保每个人的杯中有酒或饮料再站起来，用姿势引起注意，而不是一边敲击刀叉或碗筷，一边说"大家安静下，我说个话"，这种行为不合适。敬酒时注意不插队、不抢酒。在正式场合，敬酒顺序一般是主人敬主宾时，副陪可以同步敬副宾；主人敬副宾时，副陪可以同步敬主宾；接下来主宾回敬，副宾回敬；最后是陪客互敬。

酒席上遇到劝酒，很多人会争得面红耳赤，甚至不欢而散。常言道，酒品见人品。在酒席上很多人喝多后口无遮拦、丑态百出、失去自制，反而坏了事情。

劝酒背后有一种心理——"服从性测试"心理，了解了这种心理，我们在拒酒时就可以做出合适的应对动作。如果对方是比较文明得体地劝酒，那么你可以讲一些俏皮话。例如，只要感情有，喝啥都是酒；只要心里有，茶水也当酒；以茶代酒，天长地久。

当然，更高情商的回话是"能被您敬酒，太荣幸了！但我今天确实因为身体原因喝不了酒，我以茶代酒表达我心中对您的感谢。茶是没有度数的，但我的心对您有非常高的温度"。

千言万语溶于酒，百盏千杯听祝词。一般的祝酒词就是表达赞美、祝愿、感谢甚至致歉。例如，"欣赏您的博学多才""感谢您一直以来的关照""祝您和家人身体健康""我这人说话直，对之前的事深表歉意"等。但漂亮的祝酒词能让你的敬酒锦上添花，甚至把话说到对方的心坎上。关于一对多的祝酒词，我分享一个 3W 法则，即 What——祝福的缘由是什么，Why——为什么这么说，How——接下来怎么做。举例分析如下。

张总，在带团队这点上，公司中我最敬佩的人就是您了（What）。在您的带领下，咱们连续两个季度被评为第一名优秀团队（Why）。但愿我以后也能成为您这样的领袖，也希望您多给我指点（How）。

这个案例中，What 是"在带团队这点上，公司中我最敬佩的人就是您了"，这是一句真诚的、具体的赞美。其实，人性深处最希望的还是得到赞美和肯定，不管身居多高位的人。Why 是"咱们连续两个季度被评为第一名优秀团队"，有理有据地力证前一句是实话。How 是"但愿我也能成为您这样的领袖，也希望您多给我指点"，这是祝福和行动的话。

在同学会上，你的祝酒词可以这么说：

我们同窗四载，也一起憧憬过未来，编织过梦想，现在一声招呼，大家都回到了这里，这就是同窗情（What）。风雨中，有你们相伴，我不孤单；受挫时，有你们鼓励，我充满力量（Why）。无论何时何地，让我们保持联系，珍视这份友谊（How）。

在祝福新人时，你的祝酒词可以这么说：

你们是郎才女貌，天作之合（What）。我见证了你们的爱情旅程，看到了最真实的幸福（Why）。婚姻是一场长跑，需要彼此扶持，共同成长（How）。来，为爱永恒，干杯！

在答谢客户时，你的祝酒词可以这么说：

张总，感谢您百忙之中莅临！您是我们极为重视的合作伙伴（What）。您的支持和信任，是我们合作成功的关键（Why）。在未来的日子里，我们将不断精进，提升服务质量，快速响应您的反馈和需求（How）。为了我们的友谊和合作，干杯！

祝酒词不宜长篇阔论，说到要点 What-Why-How，三句足矣。

如果你是主办方、组局人，最后的祝酒词总结可以引用一句应景的诗，能立刻提高规格。例如：

"兰陵美酒郁金香，玉碗盛来琥珀光。"无边盛景，无限期待。感谢各位领导一起参与年会/盛典，感谢各位伙伴的共同努力，让我们继续携手向前，期待明年更好！

⊃ 葡萄酒品鉴与社交语言

在餐桌社交中，饮酒是一种常见的社交方式，而劝酒心理与适度原则帮助我们在饮酒互动中把握好分寸。葡萄酒以其独特的魅力在餐桌社交中占据一席之地。葡萄酒品鉴不仅涉及对酒本身的欣赏，更与菜品搭配、社交氛围营造密切相关。当我们在遵循劝酒适度原则的同时，了解葡萄酒品鉴的艺术，能够为餐桌社交增添更多的乐趣和文化底蕴。接下来，我们深入探索葡萄酒品鉴的奥秘及其在餐桌社交中的应用。

葡萄酒是葡萄经酒精发酵后获得的饮料。美国作家威廉·杨格曾说："一串葡萄是美丽、静止与纯洁的，但它只是水果而已；一旦压榨后，它就变成了一种动物，因为它变成酒以后，就有了动物的生命。"在葡萄酒的世界里，每一滴酒液都蕴含着故事，每一瓶佳酿都承载着历史。

在日常生活中，大家通常用"红酒"称呼所有种类的葡萄酒。实际上，葡萄酒种类繁多，包括红葡萄酒（如干红）、白葡萄酒（如干白）、桃红酒、起泡酒、甜酒、加强酒等多种类型。

这些差异主要源于葡萄皮的颜色、发酵程度及酿造工艺不同。因此，葡萄酒通常是按颜色分类，如"干红""干白""桃红"等。另外，葡萄酒也可以根据饮用方式、是否有气泡、甜度等因素划分。

著名的红葡萄酒品种包括赤霞珠、梅洛、西拉、黑皮诺等，而白葡萄酒则以霞多丽、雷司令、长相思等最为知名。每个品种都有其独特的风味和特点，值得细细品味。

品鉴葡萄酒，首先是一场视觉的盛宴。在自然光下，举起酒杯倾斜 45°，观察那深邃的色泽，从宝石红到深紫，每一种颜色都透露着葡萄品种和酿造年份的秘密。轻轻摇晃酒杯，让酒液在杯壁上留下一道道"酒腿"，这是酒体与空气接触的瞬间，也是香气释放的开始。接下来是嗅觉的享受。将鼻子靠近杯口，深吸一口气，感受那复杂的香气。从果香到花香，从橡木桶的烟熏味到土壤的矿物质感，每一次呼吸都是对葡萄酒灵魂的探索。最后是味觉的体验。小啜一口，让酒液在口腔中充分展开，感受它的酸度、单宁、酒精和甜度如何和谐地交织在一起。总之，每一次品鉴都是对葡萄酒风味的深刻理解。

在社交场合，即使不饮酒，你也不必拒绝服务生为你摆放酒杯。这是对餐桌文化的尊重，也是对他人的礼貌。在倒酒前，你可以轻声告知服务生或主人，自己不胜酒力，请少倒一些。这样既表达了自己的诚意，又避免了过量饮酒的尴尬。当大家都举杯时，即使你只轻轻抿一口，也是对场合的尊重和对他人的敬意。吃西餐时，要注意坐姿端正、背挺直，展现优雅自然的姿态。

我经常听到学员询问："葡萄酒开瓶后喝不完，盖上盖子搁冰箱里行吗？""我每天就喝一口，通常一个月喝一瓶。我要怎么保存这瓶葡萄酒？"凉爽、潮湿、阴暗且稳定的环境是最适宜存储葡萄酒的场所。有条件的话，地下室是理想的地方。葡萄酒正常储存的温度为 10℃ ~ 15℃，湿度大于 65%，并且避免强光直射和过多震动。葡萄酒应水平放置，以保持软木塞湿润，防止空气进入瓶内。某些优质的葡萄酒可以存放较长的时间，但一般品质的葡萄酒应在购买后两年内饮完。一般而言，开封后的葡萄酒应尽快饮用，大多数葡萄酒在妥善保存的情况下不宜放置超过7 天。

接触葡萄酒的时间越久，越能感受到它不仅是一种饮品，更是一种文化、一种艺术，甚至是一种沟通的语言。如果你在葡萄酒品鉴上还不是非常资深，就可从以下三个方面开始交谈。

（1）酒瓶就是一种语言

当你拿到一瓶葡萄酒时，第一印象往往是瓶身的质感和设计。自 2015 年起，我家经营葡萄酒近十年，沉淀了"壹荐"品牌。我们在设计"云系列"葡萄酒时，酒瓶就用了非常高端、大气和简洁的风格。几乎所有的同行朋友们看到这款酒的瓶身，就能感受到这款酒的大气和厚重。所以，瓶身传达了品牌的价值和酒的内在品质，你可以将对酒瓶的感受作为切入口。

（2）用"人"代替"葡萄酒"可以解决大部分小问题

当你无法准确形容或判断一款葡萄酒的味蕾体验时，你可以把它拟人化。例如，这款酒给我的感觉就好像一位甜美的少女，比较轻盈欢快；另一款酒则有历经岁月沉淀后的厚重感，等等。在形容酒时加上五感体验，即从视觉、听觉、嗅觉、味觉、触觉五个部分感受和体验，可以让描述更加生动。例如，喝到一款干白时，那种清冽感宛如山上的泉水缓缓流淌，这样的描述往往能引起他人的共鸣。

（3）会夸酒好也是一种受欢迎的技能

如果你希望在宴请时有更多的沟通语言，那么可以记住一些葡萄酒的品鉴术语。

- 颜色：干红葡萄酒的颜色可以从石榴红边缘、宝石红边缘到紫色边缘等，这些颜色不仅美观，还能透露出葡萄品种和酿造年份的信息。例如，一款年轻的赤霞珠葡萄酒可能有着深紫色边缘，而陈年的赤霞珠则可能展现出石榴红色。
- 香气：葡萄酒的香气可以分为果香、花香及工艺香（如橡木桶陈年带来的香气）和陈年香。例如，一款年轻的长相思白葡萄酒可能带有柠檬和青草的香气，而经过橡木桶陈年的霞多丽则可能展现出香草和焦糖的香气。

葡萄酒品鉴不仅是个人的乐趣，还是一种社交活动。在品鉴会上，人们通过分享对葡萄酒的感受和见解，建立了一种特殊的沟通方式。这种沟通超越了语言的界限，通过香气、味道和情感的交流，让人们的心灵更加接近。

● 社交宴谈如何聊得妙

著名投资人赵丹阳与"股神"巴菲特的午餐对话是在投资界广为流传的一段佳话。从 2000 年起，巴菲特每年都会拍卖一次与自己共享午餐的机会，胜出者最多可以邀请 7 位朋友与他在纽约 Smith&Wollensky 牛排餐厅共进 3 小时的午餐，而拍卖的收入将捐给慈善机构——格莱德基金会。2009 年 6 月 24 日，赵丹阳以 211 万美元的历史最高价（首次突破百万美元）拍下这个机会。据报道，见面时巴菲特的第一句话是问赵丹阳："你今年收益如何？"赵丹阳回答："今年收益 47%。"巴菲特回应说"你比我强"，然后掏出了自己的钱包要让赵丹阳帮他赚钱。这虽然是简单的寒暄，但也显示出巴菲特的幽默和对赵丹阳投资成绩的认可态度，迅速融洽了宾主关系。

　　赵丹阳赠给巴菲特两件礼物——贵州茅台酒和阿胶，巴菲特非常开心。接着，赵丹阳拿出十几本巴菲特的最新传记——《滚雪球：巴菲特和他的财富人生》，请他签名，并说道："我很多朋友听说我要跟您一起午餐，都非常羡慕我，也都托我向您转达他们对您的敬意。这十几本传记是他们特意嘱托我带来请您签名的，他们都希望能拥有一份您亲手签名的书，以此作为对您的敬仰和纪念。您的投资理念和成功经验一直激励着我们，让我们在投资的道路上不断前行。希望您能满足大家这个小小的心愿。"这段话不仅表达了对签名的请求，更巧妙地通过转述第三方的认可，印证了巴菲特的影响力和魅力，展现了高情商的沟通艺术。

　　社交宴会上，聊天是一项需要精心雕琢的艺术。要聊得巧妙，关键在于有心准备。事先了解宴会主题、参与者背景及潜在话题，能帮助你轻松找到共鸣点。餐桌主人通常具有沟通的话语权，跟着主人走，适时回应和补充，既能展现礼貌，又能避免冷场。如果是商务宴请，适当的赞美不仅能拉近关系，还能提升对方的好感度。例如，你可以赞美客户的外貌、客户得意的事，以及客户的细微变化、专长或品质，但要注意真诚自然，避免过于刻意。

　　你可以掌握一些万能话题，轻松应对各种场合。

- 近期新闻事件：涵盖文化、科技、娱乐等领域的话题，既能展示你的见识，又能引发共同兴趣。例如，最近的电影上映、科技突破、文化活动等都是不错的切入点。

- 根据对象调整话题：与男士聊工作，与女士谈孩子和家庭，与学生论理想，与年轻女性聊热播剧，这些都是常见的互动方式。了解对方的兴趣和关注点，能够让你的提问更加贴合对方的需求，增加亲切感。

- 分享个人趣事、经历与独到见解：适当分享一些有趣的个人经历或独特的见解，不仅能活跃气氛，还能展现你的个性和思考深度。但要注意分寸，避免过于以自我为中心，保持对话的平衡。

- 关注时事热点：适时提及一些当前的社会热点话题，既能展示你的关注面，也能引发深入讨论。但要注意避免敏感话题，确保对话的安全性和舒适度。

在饭桌上要避开聊天"雷区"，避免尴尬局面，请切忌以下几点。

- 窃窃私语，忽视他人存在。在多人参与的饭局中，避免与某个人单独交谈，忽视其他人的存在。这样会让其他人感到被冷落，破坏整体氛围。

- 滔滔不绝，只顾嘴瘾。聊天时要注意倾听，不要只顾自己说话，忽视听众的感受。适时给对方发言的机会，保持对话的互动性。更不要动不动就倾吐自己的不幸，也不管别人是否在乎或接受，容易给人留下婆婆妈妈的印象。

- 窥探他人隐私。尊重他人的隐私，避免询问过于私人的问题，如收入、婚姻状况、情感话题等。尤其是在初次见面或不太熟悉的场合，询问这些问题会弄得气氛很尴尬。

- 妄议政治、宗教等敏感话题。政治、宗教等话题往往带有较强的个人色彩，容易引发争议。特别是在不了解对方立场的情况下，最好避免触及这些敏感话题。

对于职场上的年轻朋友来说，跟随领导出席饭局时，即使你不负责谈话和寒暄，也不要只顾着埋头吃饭，而是要做一个积极的聆听者。认真聆听领导的讲话，适时回应，展现出你的专注和尊重。如果你有机会发言，尽量接住领导的话，巧妙地延续话题，展现出你的沟通能力和应变能力。

社交宴会上的聊天不是简单的对话，而是需要用心经营的艺术。通过提前准备、灵活应对、掌握万能话题、避开"雷区"，你可以在这个过程中展现高情商的沟通技巧，赢得他人的认可与好感。无论是商务宴请，还是私人聚会，良好的沟通不仅能增进人际关系，还能为未来的发展带来更多机会。记住，饭局不只是吃一顿饭，更是一个人际交往的舞台，如何在这个舞台上表现得体、聊得巧妙，将决定你能否在这场社交游戏中脱颖而出。

行动小贴士

　　回想你最近参加的一次社交用餐，不管是商务宴请，还是同学、朋友聚会，或者亲朋的家宴，结合本章内容，你觉得自己在哪些方面可以做得更好？

第 9 章

多元化社交：

虚拟与现实的社交应用

在这个迅猛发展的数字化时代，社交的方式和场景正在经历前所未有的变革。无论是在虚拟世界的朋友圈中，还是在现实生活的聚会上，社交已经不只是简单的互动，更是一门艺术。想象一下，你在社交媒体上精心经营的个人品牌如何影响你在现实生活中的人际关系；又或者在一次线上会议中，你如何运用高情商的沟通技巧和社交礼仪赢得同事和客户的信任。本章将讨论朋友圈的经营之道、网络社交的礼仪、情感共振的艺术，以及如何在AI（Artificial Intelligence，人工智能）时代适应新的社交模式，探索数字化时代的高情商沟通技巧。

● 朋友圈经营：塑造个人品牌与情感链接

在这个信息爆炸的时代，社交媒体已经成为我们生活中不可或缺的一部分。而在众多社交平台中，朋友圈作为微信的独特功能，承载了我们生活的点滴、情感的交流和人际关系的维护。朋友圈不仅是一个分享生活的平台，而且是一个可以用心经营的人际关系网络。

从心理学尤其动力心理学的角度来看，自我一般分为三个方面：镜像自我、理想自我、社会自我。

朋友圈如同一面魔镜，映照出我们的镜像自我——你分享的内容悄然塑造着他人眼中的你。例如，当你频繁分享艺术展览、古典音乐见解，并配上精美的照片与深刻的感悟时，朋友圈中的你将被视为富有艺术气息的文化人。即使没有与你见面，朋友圈中的人也能通过"艺术之镜"感受到你的高雅品位与博学多才。

理想自我通过积极向上的分享，如学习、健身等，展现对未来的憧憬与追求。例如，很多长跑爱好者打卡发文："今天又是 5 公里打卡的一天，离我的马拉松梦又近了一步！加油！"而社会自我则通过工作成就、家庭温馨等内容的展现，勾勒出我们在社会角色中的自我认知。

数字化时代的社交让我们有机会通过朋友圈的经营塑造个人品牌与情感链接。正如"现代营销学之父"科特勒所言，形象是人们对某个对象的信念、观念或印象。这在商业领域被定义为品牌，在社会环境中被称为"人设"。你的"人设"是你留给他人的印象标签，需要被精心经营和管理。借用朋友圈，你可以塑造个人品牌，打造自己的价值符号，形成自己的口碑。在快节奏的生活中，深入交往的机会难得，朋友圈往往成为他人了解你的主要窗口，尤其对于那些较少有直接互动的弱关系而言。如何打造高质量的朋友圈，提升镜像自我和社会自我呢？

首先，明确目标，即你希望通过朋友圈达到什么目标。例如，你是希望提升职业形象、扩展社交网络，还是寻求情感支持？根据目标定位，你是专业人士、生活达人，还是某个领域的爱好者？当然，有些人不希望通过朋友圈暴露太多个人信息，或者发朋友圈的信息比较随意，不在此讨论的范围内。

其次，遵循以下原则：

- 头像清晰稳定，塑造信任基石；
- 拒绝谣言与鸡汤，彰显判断力与思想深度；
- 慎发求赞、砍价链接，珍惜人情成本；
- 分享正能量，适度展现工作与生活的态度；
- 真实自我更动人，偶尔分享困惑与苦恼；
- 积极互动，点赞与评论中传递关注和尊重，但避免在他人领地"串门"；
- 保持频率，但不过度刷屏；
- 注重视觉效果，提升内容质量。

最后，建立朋友圈的深度交流。借助微信群或其他形式的小型社区，可以更好地管理和维护朋友圈关系。创建一个专属群聊，邀请那些对你感兴趣的人加入。组织线上活动，如问答环节、专题讲座等，增加成员之间的交流机会。同时，在自己的社交圈里做到资源链接与价值共享，让每个人都能从中受益。

记住，每一次分享都是一次交流的机会，每一个点赞都是一个小小的认可，而每一段对话都可能开启新的可能性。总之，朋友圈不仅是一个社交媒介，用心经营，可以让朋友圈成为展现真我、连接世界的精彩舞台。

➲ 网络社交礼仪：避免虚拟社交"雷区"

你有没有发现，在网上与人交流，自己也会有舒服或不舒服的感觉，从而对对方产生好或不好的印象。网络社交给我们创造了前所未有的便捷，拉近了彼此的距离。然而，一些不良的习惯和缺乏礼仪的行为也让我们疏远。你见过哪些线上沟通的不当行为呢？以下是网络社交中的5个礼仪指南，能帮助你避免常见的虚拟社交"雷区"。

（1）微信添加即问候

很多人的微信添加问候都是程序化的。有一次在活动场合，对方添加了我的微信，我通过好友认证后一看，上面显示的称呼都是别人。显然，这是对方没有修改添加上一个人的微信时写的申请信息，就直接加我。还有人添加微信后就没了音讯。问候是一个基本的礼仪，但很多人往往会忽略这一点。就像在日常生活中叫人"喂"，或者在正式的邮件、书面沟通中不使用称谓一样，这样的行为都会让对方感到不被尊重。

一般微信添加后，有两种问候方法。一种是快速法，即简单介绍自己，说明自己的基础信息，方便后续来往。例如，"刘老师，您好！我是 ×× 公司 ××，电话是 ××，以后常联系。"另一种是连接法，即强调自己能够提供什么样的资源，主动表现出希望联系的姿态。重点在于展示你的专业领域或特长，让对方记住你是做什么的。你可以对微信好友设置备注和标签，也可以添加描述或与对方相关的图片。这样每次看到这些信息，你就能迅速想起对方是谁。

在 AI 时代，我们可以使用 AIGC，快速制作个人名片或团队形象，更方便地进行信息传播。图文并茂的个人形象海报能够更好地展示我们的特色。例如，AI 个人名片生成器有 IntroCard，它支持用户输入个人简介，上传头像和二维码，自动生成设计精美的社交卡片。我们还可以使用创客贴等在线平台，选择适合的模板设计个人形象海报，提升专业形象。

（2）表情符号要慎用

在给客户发邮件或正式的工作沟通中，我们要慎用 😂 或 ☺ 这类表情。"你为什么总是迟到？？？""你为什么没有完成报告！！"这种连续多个问号、感叹号的发问会让人感受到强烈的负面情绪，我们也要尽量避免使用。总之，正确使用表情包和标点符号的前提条件是我们能准确知道自己和对方的关系，并且跟语境相结合，要确保语气友好、礼貌，避免让对方感到压力或不适。

（3）网络沟通有回应

微信和 QQ 年代的即时通信不一样，微信更倾向于简洁和高效，鼓励直截了当地沟通。在网络上，"嗯""嗯嗯""嗯嗯嗯"代表的态度和意思完全不同。职场中微信回复上级，不建议用"好""行""是""OK"这些略带价值评判的字眼，可用"收到""明白""好嘞""马上"这些带有情感色彩的词语，让人见字如晤，感受到积极的回应态度。

如果有重要的微信未能及时回复，我们可以在回复时简短道歉："抱歉，刚在忙。"在发出重要信息前，应确保内容准确无误。对于地址、账户、数字等关键信息，最好以文字形式发送，以便对方查找和保存。

（4）不要轻易弹视频

很多人在微信上说话，会连续发大段语音，并且每条都是60秒，让人感觉喘不过气来。还有些人"一言不合就弹视频"，在商务沟通或社交中未经同意就直接发起语音通话或视频通话。这种行为就类似于脱口秀演员小鹿所说的，"谁要是直接给我打电话，那相当于直接钻进我的被窝了"，容易让人感到被冒犯。如果确实需要语音或视频沟通，我们可以先通过文字询问对方是否方便，再进行下一步。

（5）视频会议也有礼

在视频会议中，参会者应注意眼神交流，保持与摄像头的适当接触，避免低头做自己的事情，确保与参会者有良好的互动；不要在桌上轻叩笔、敲手指，或做出其他习惯性动作，以免分散他人的注意力。如果中途需要短暂离开会议，参会者应简短说明原因，以示尊重。在线上会议沟通时，参会者要多表达自己的赞赏，关注所有在场的人。对于好的建议和启发，可以在会后用邮件或微信适时表达感谢。

网络社交礼仪至关重要，避免"雷区"如忽视问候、随意使用表情、缺乏回应、轻易发起视频通话及会议中的不当行为。礼仪看似简单，实则体现了尊重。每个人都希望收获尊重。因此，不管在现实世界，还是在网络空间，我们都应时刻注意培养自己的习惯。

⮑ 情感共振：用令人心动的礼物充值情感账户

在数字化社会里，我们尽管频繁依赖屏幕和键盘交流，但仍渴望有更深层次、更有温度的实质性交往。赠送礼物便是传递心意、拉近彼此距离的一种美好方式。那么，如何赠送一份令人心动的礼物，达到情感共振呢？以下几个方向可供参考。

- 手工制作系列：自画的蒲团、扇子，手工扎染的衣服，自制的手工皂，手绘的卡片，自种或承包的猕猴桃、橙子、大米及瓜果蔬菜等，都蕴含着满满的心意。

- 定制化系列：定制的首饰、个性化珠宝、雕刻名字的笔、独具匠心的家居装饰品、主人杯、海马刀开瓶器、高端定制的红酒杯都能让对方感受到你的独特用心。

- 旅行礼物系列：旅睡宝、肩颈包、真丝眼罩、运动装备、便携式相机、旅行箱及助眠装备都是旅行中的贴心伴侣，能让对方在旅途中感受到你的关怀。

- 益智启迪系列：棋类品、孩子玩具、植物花卉、香薰及香水，都能激发对方的思考或带来愉悦的感受。

- 文具系列：精美的台历、图书、书签、明信片套装、相册、相框及唱片都是文艺爱好者的心头好。

- 体验式系列：音乐会门票、观展门票、烹饪课、瑜伽班、购物卡、旅行套餐及学习卡，都能让对方享受到独特的体验。

- 生活实用系列：杯子、毛巾、丝绸制品、棉制品、小夜灯、高质量的厨具、工具或电子产品、护手霜、大品牌的小配饰（如钥匙扣）、袜子、袖扣、钱包和化妆品，都是日常生活中不可或缺的实用好物。
- 安稳不出差错系列：精选的酒、茶及茶具都能让对方在忙碌之余享受片刻的宁静。

赠送礼物时，要注意选择实用性强的或当下流行的礼物，这样能够让对方定期回想起来。我有一位朋友在我生日时送了一个旅睡宝。每次出差，我都会带着它，非常便利舒适。而且，一看到这个礼物，我便会想起这位朋友。

有一项研究显示，在赠送礼物时，如果你主动告诉对方这份礼物也是自己喜欢的，并且自己也买了一份，那么对方对这份礼物的好感度就会有所增加。心理学上将这种现象称为伴随效应。

赠送礼物要讲究时机，我们要在平时就存入足够的"情"到情感账户——对方和你的情感储蓄卡。我有一个习惯，就是出差到各地，遇到心仪的东西时，我会联想到某个好朋友或觉得某些朋友需要，就买下来，寄过去，不一定要等到节假日才送。对方往往会感到很意外和惊喜。诗人波德莱尔曾说过，"世上只有两件事最有价值：深感惊喜和使人惊喜"。平心而论，谁会不喜欢惊喜呢？意料之外的获得总是能愉悦人心，我们千万不要小瞧惊喜的魅力。

我也把这个情感账户用在亲子关系中。因为工作很忙，经常出差，我没有办法长时间陪伴孩子，所以必须增加与孩子相处时的质量。我的方式之一就是每次出差回来，我都会带一份小礼物送给女儿，包括各种吃的、玩的，以及当地的特色纪念品或特产。我希望她能感受到，妈妈即使不在她身边，也是心里挂念她的。所以，女儿在每次看到礼物时，对妈妈的归来也会充满期待与惊喜。

收到礼物是否可以当场打开？在正式的政务场合或庄重的会见场合，收到礼物无须当面打开。在非正式场合，如日常生活、小范围聚会等，收到礼物应该当面打开并表示致谢、赞美。如果是献礼场合，收到礼物一定要当众打开与展示。回赠礼物时，一般由领导亲自递送或授意他人递送，家庭中则由女主人回赠。

《礼记·曲礼》有云："礼尚往来，往而不来，非礼也；来而不往，亦非礼也。"这句话不仅是古人智慧的结晶，更是现代社会人际交往的准则。它提醒我们，在享受他人赠予的同时也要懂得回馈与分享。适时的礼物不仅是物质的馈赠，更是情感的交流和心灵的沟通。馈赠礼物虽不是衡量关系的标尺，但背后表达的心意却是对他人情感账户的充值。选择一个合适的时机赠送礼物，不急于一时之需，而是在日常的点滴中默默地积累情感的存款，相信这是每个人都能做到的。

⤷ 高情商沟通：驾驭 AI 时代的交流技巧

数字化沟通通常是即时的，信息可以迅速传递，许多交流是在没有面对面的情况下进行的，非语言信号（如语气、表情符号等）在这种情况下显得尤为重要。在文字沟通中，使用清晰、简洁的语言，可以避免误解。同时，随着技术的发展，数字化社交打破了地域限制，学习如何与不同文化背景的人沟通，可以增强跨文化理解和适应能力。不管在哪个时代，语言是我们交换想法最直接、最有效的工具。斯坦福大学商学院的应用心理学教授托马斯·哈勒尔（Thomas Harrell）研究发现，运用语言越得心应手，生活中便越容易成功。高情商沟通不仅能帮助我们更好地表达自己，还能促进人际关系的和谐，以及加强合作。以下是高情商沟通的 6 个小技巧，能够帮助你在日常交流中更加游刃有余。

（1）设定目标：解决问题，而非赢得争论

在任何沟通中，明确的目标是确保对话顺利进行的关键。我们的目标应该是解决问题，而不是赢得争论。寻求共同点，强调双方的共同利益和目标，而不是分歧。例如，医生和患者的关系往往很紧张，而厉害的医生对患者是这么说的："外面有很多人

在等候，咱们可要好好配合。"患者就会感觉到医生是和自己站在一条线的，而不是紧张的对立面。

（2）求同存异：尊重差异，避免评判

高情商的沟通者懂得尊重他人的观点，即使不完全同意，也能以积极的方式表达自己的看法。一位柜员在办理业务时被客户批评道："怎么那么慢呀！新来的吧！"柜员面带微笑附和说："阿姨，您看得真准，我是新来的。耽误您时间了。"客户继续说道："那是！我眼睛就是准！"柜员继续笑着说："阿姨，这说明您很有经验。"客户也笑了："人不大，还挺会说话。"柜员又说："阿姨，谢谢您！您的业务办好了，您还有其他业务需要办吗？"客户说没有了，并安慰道："我下次再来，你肯定就熟悉了。"这个例子中，柜员尊重、附和客户的语言将客户的负面体验转变成了积极体验。

表达同理并不代表完全认同对方的观点，而是可以部分同理，即"对于您有这种想法本身，我能了解"，或"我尊重您表达的权利"。一上来就评判对方的观点，使用"但是"这样的转折词，往往会让人觉得你否定了他的意见。高情商沟通中有一个"YES+AND"法则，即先认同再表达，用"肯定＋而且／同时"的方式提建议。标准用语如"是的，您说得对，同时，这个是……"例如，"我理解你的想法，确实有很多优点，而且我认

为我们还可以从另一个角度考虑这个问题，可能会更有帮助。"

很多人习惯脱口而出"不""不是""不对""不好"，这种否定词会让人觉得缺乏"理解""宽容"等。

（3）避免指责：使用"I"语句表达感受

在沟通中，避免使用指责性的"You"语句，转而使用"I"语句表达自己的感受。这样可以减少对方的防御心理，避免"责任归因"——都是对方的错，使对话更加平和。例如，与其说"你让我感到很沮丧"，不如说"我感到有些沮丧，因为我们似乎无法达成一致"，或者"我担心如果我们不解决这个问题，它可能会影响我们的项目进度"；与其说"你可能还不大明白"，不如说"我可能刚才没表达清楚"；与其说"你应该"，不如说"我建议"或"我感觉"；与其说"你总是迟到"，不如说"我想是什么原因，让我们的会面总是无法准时"。

（4）确认理解：重述对方的观点，确保共识

为了确保正确理解对方的意思，你可以用自己的话重述对方的观点，并询问是否准确。这不仅展示了你的倾听能力，还为双方提供了澄清的机会。例如，"我确认一下，您的意思是×××，对吗？"总之，常说这么几句话："我说清楚了吗？你听明白了吗？""嗯嗯，然后呢？后来呢？"可以避免因误解而导致的沟

通障碍。

（5）感同身受：理解对方的情绪

高情商沟通不仅是表达自己的想法，还要能够理解对方的感受。当你表现出对他人情绪的理解时，对方会感到被尊重和重视。例如，"我能理解你为什么会有这种感觉，换了我也会这么想。"理解对方的情绪并不容易，要集中注意力在你的动机上，是为对方着想，还是在想着自己如何回应。

在客户服务领域，感同身受的能力尤为重要。一位顾客在电话中对产品或服务表示不满，客服代表可以这样回应："抱歉，我知道您现在肯定很着急，我马上为您反应和解决。"这样的表达方式可以让对方感受到你的情感共鸣，从而拉近彼此的距离。

（6）共赢思维：高情商不是取悦别人，而是取悦自己，同时认可对方

高情商沟通并不是一味地迎合他人，而是要在表达自己真实想法的同时，尊重和认可对方的感受。这样既能维护自己的立场，又能保持良好的人际关系。真正的高情商是共赢，即不否定自己，也不否定别人。例如，当有人问你，是你做得好，还是你同事小 A 做得好？这时，你就可以回答："小 A 在数据分析方面做得很细致，我在创新思维方面还挺有心得。"这样既赞赏了对

方，也不贬低自己。

通过以上 6 个法则，你可以逐渐培养出高情商的沟通能力。AI 时代，我们的交流方式或许会变得更加多样化和复杂，但高情商的沟通技巧始终是我们在人际交往中不可或缺的法宝。让我们以智慧和同理心驾驭这个充满挑战和机遇的新时代，让每一次对话都成为良好的社交机会。

行动小贴士

　　你跟领导一起参加会议。如果发现领导给客户汇报的
数据和内容有些遗漏，你觉得应该怎样说，既能够尊重领
导，又能够确保信息准确无误？